이 모든 권리가
바로 여러분의 권리예요

These Rights
Are Your Rights

이 모든 권리가 바로 여러분의 권리예요

어린이 · 청소년을
위한 권리 안내서

☆ 니키 파커
(국제앰네스티)
지음

수 청 그림 | 김정희 옮김 ☆ ☆

갈마바람
Galmabaram

차례

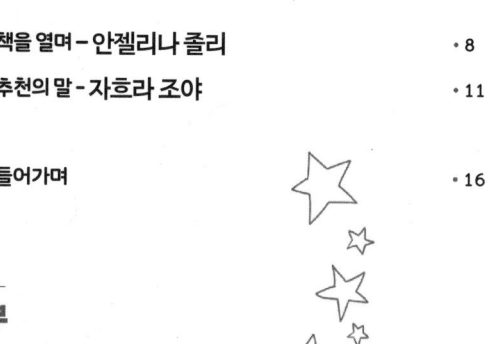

1부

여러분만의 권리 이야기

2부

여러분의 권리를 배워봐요

3부
여러분의 권리를 위해 행동에 나서요

4부
안전

5부
유용한 정보

**
*

세상의 모든 어린이·청소년은 태어나는 그 순간부터 다른 어린이·청소년과 똑같은 권리를 갖습니다. 그리고 그 권리 가운데 어른들에게는 없는 권리가 있어요.

아주 다양한 권리들이 있는데, 바로 놀 권리, 교육받을 권리, 일을 강요받지 않을 권리 등이에요.

법이 지켜지지 않는 건 늘 있는 일이지만, 그런 상황을 막기 위해 우리가 무얼 할 수 있는지 알고 있으면 그런 일은 일어나기가 훨씬 어렵습니다. 이 책이 알려주는 게 바로 그거예요!

어른은 여러분의 권리를 보호해야 합니다. 하지만 어른이라고 해서 항상 그 의무를 제대로 다하는 건 아니에요. 때로는 여러분의 권리가 뭔지 모르기도 하고, 때로는 알지만 모른 척할 때도 있어요. 때로는 자기가 겪는 어려움 때문에 잘 지키지 못하기도 하고요.

이 책은 여러분의 권리로 어떤 것이 있고 어떻게 그 권리가 생겨났는지, 그리고 그 권리가 왜 중요한지 이야기할 거예요. 여러분을 위한 특별한 법률책이라고 생각해주세요.

이 책은 여러분이 보호받지 못할 때 스스로 할 수 있는 일, 그리고 친구들과 함께 세계 각지의 다른 어린이와 청소년을 돕는 방법도 알려줄 거예요. 어리기는 해도 여러분이 힘을 모으면 누구도 막을 수 없는 힘이 만들어지니까요.

안젤리나 졸리

《너의 권리를 주장해(어린이·청소년을 위한 인권 가이드)》 공동 저자

나는 자흐라 조야라고
해요. 내가 태어난 곳
은 아프가니스탄 중부
에 있는 바미안이에요. 눈 덮인 푸른 산과 물결이 반짝반짝
빛나는 파란 호수가 있는, 풍경이 아주 아름다운 외딴 마을
이지요. 우리나라의 거의 모든 가정은 딸이 아닌 아들을 원해
요. 여자아이보다 남자아이가 더 가치 있다는 잘못된 믿음을
가지고 있는 사람이 많거든요. 우리 집안 어른들도 내가 태어
났을 때 딸인 걸 확인하고 속상해하고 부끄러워했어요. 하지
만 나는 단 한 번도 내가 나인 걸 부끄러워하거나 슬퍼한 적
이 없어요. 내가 누구든 나는 언제나 내가 되고 싶은 사람이
될 수 있다고 확신했거든요.

어릴 때 나의 조국은 탈레반의 통치를 받았어요. 탈레반은
권력을 얻는 데 종교를 이용하고 여자에게는 어떤 권리도 없

다고 믿는 위험한 사람들이에요. 우리는 음악도 노래도 춤도 금지당했고, 여자는 집에만 있어야 하는데 부득이하게 외출할 때는 부르카라고 하는 긴 옷을 입어야 했어요. 남자아이들은 학교에 갈 수 있었지만, 여자아이들에게는 교육이 허락되지 않아서 집에만 머물러야 했지요.

하지만 나는 항상 학교와 배움에 대한 호기심이 컸어요. 부모님은 내가 똑똑하다는 걸 알았고, 동네 사람들이 안 좋게 생각할 걸 알면서도 학교에 가고 싶어 하는 내 마음을 지지해 주었어요.

때로는 연장자의 조언을 듣는 게 징말 좋아요. 삼촌 중 한 명은 나보다 겨우 몇 살 위였는데, 우리는 내가 삼촌처럼 남자 옷을 입으면 같이 학교에 다닐 수 있다는 걸 깨달았어요. 그래서 엄마가 남자아이 옷 몇 벌을 만들어주었고, 나는 그 옷을 입고 삼촌들과 함께 걸어서 학교에 다녔어요. 학교에서는 모하메드라는 남자아이인 척했지요. 학교는 매일 2시간을 걸어갔다가 2시간을 걸어 돌아와야 할 정도로 집에서 아주 멀리 떨어져 있었어요. 나는 학교에서 제일 똑똑한 학생이었고, 배우는 게 정말 좋았어요.

부모님의 지지를 받을 수 있다는 것은 정말 커다란 행운이었어요. 교육이 내 삶을 완전히 바꿔놓았거든요. 내가 특별히 용감했다고 생각하지는 않아요. 나와 같은 기회를 얻지 못하는 소녀들이 아주 많다는 걸 알고 있으니까요. 만약 그들이 그런 기회를 누릴 수 있다면 아프가니스탄은 그런 소녀들과 여성들에게 더 나은 곳이 될 거예요. 부모님과 삼촌들이 힘을 모았던 걸 생각할 때마다 떠오르는 뜻깊고 아름다운 속담이 하나 있습니다. "빨리 가고 싶으면 혼자 가고, 멀리 가고 싶으면 함께 가라."

2001년, 잠시였지만 탈레반이 정권을 잃었습니다. 법이 바뀌고 여자아이들도 학교에 갈 수 있게 되면서 나도 남자아이 옷을 벗을 수 있었어요. 나중에는 대학에도 입학했고요. 졸업 후에는 언론인이 됐는데, 보도국에서 유일한 여자일 때가 많았습니다. 그러다 2021년에 탈레반이 다시 정권을 잡았고, 나는 목숨이 위험해질 수도 있다는 생각에 두려웠지요. 수많은 사람이 그랬듯 나와 내 형제자매는 고향과 부모님을 떠나 난민의 길을 택했습니다. 지금 우리는 영국에서 새로운 삶에 적응하고 있어요. 부모님이 그립고 조국이 걱정되지만 안전하게 생활하며 미래를 만들어가고 있답니다. 나는 여전히 언론인으로 일하고, 여동생들은 대학에, 남동생은 학교에 다닙니다.

조국을 떠날 수밖에 없었던 수백만 명 중 한 사람으로서 나의 이야기를 들려드렸어요. 남자든 여자든 어린이라면 누구나 자신의 권리를 마음껏 누려야 합니다. 나의 이야기를 통해 우리가 뜻을 모으고 서로를 지지하면 세상을 더 나은 곳으로 바꾸는 데 보탬이 될 수 있다는 걸 알았으면 좋겠어요. 우리가 누구든, 어른이든 아이든, 우리에게는 모두 각자의 역할이 있습니다.

자흐라 조야

언론인

책을 읽다가 슬픈 내용이 나오면 어떻게 해야 할까요?

아동 인권은 정말 놀라워요! 여러분이 보호받고 잘 성장할 수 있도록 돕기 위해 존재하는 것이거든요. 하지만 때로는 지켜지지 않기도 하고 나쁜 일이 생기기도 해요.

만약에 책을 읽다가 생각조차 하기 힘든 내용이 나오면, 잠깐 쉬거나 그 부분을 건너뛰었다가 마음의 준비가 되었을 때 다시 읽어도 괜찮아요. 우스갯소리나 바보 같은 농담이 나오면 실컷 웃어도 좋고요. 여러분에게는 놀고 즐길 권리가 있으니까요.

몸을 가득 채웠던 긴장을 서서히 풀어보세요. 발끝에서부터 위쪽으로, 긴장을 누그러뜨리고 천천히 숨을 쉬면서 조용히 말해보세요. "하나, 둘, 셋, 나는 아주아주 평온해."

끝으로, 3부에 여러분이 변화를 일으킬 수 있는 몇 가지 방법이 나오는데, 그것도 도움이 될 거예요.

들어가며

나는 이 책을 쓴 니키 파커예요. 국제앰네스티에서 활동하고 있지요. 앰네스티는 전 세계에서 공정성, 진실, 자유 같은 인권을 옹호하는 수백만 명의 사람들이 모인 단체예요. 우리는 서로 태어난 나라도 다르고 개성도 제각각이지만, 한 가지 커다란 공통점이 있어요. 누구나 한때는 어린아이였다는 사실이지요. 우리는 여러분이 가능한 한 최고의 어린 시절을 보내길 바라고, 거기에는 여러분이 어린이·청소년이어서 누릴 수 있는 특별한 권리들을 아는 것도 포함됩니다.

다행히 권리 전문가인 앰네스티의 수많은 친구, 그리고 어린이·청소년에 대해 전문가인 수많은 어린이와 청소년이 이 책을 쓰는 데 많은 도움을 줬어요. 이 사람들이 누군지 궁금하다면 204쪽 '감사의 말'에서 확인하세요.

앰네스티에서는 누구든 환영하니까, 궁금한 게 있으면 언제든지 여러분 나라의 지부로 연락하세요. 자세한 내용은 책 마지막에 소개해놓았어요. 여러분의 의견을 기다립니다!

1부:

여러분만의
권리 이야기

"자유는 절실한 필요에 심어진

강인한 한 톨의 씨앗이다."

– 랭스턴 휴즈 (미국 시인)

이 책에서 할 이야기와
그 이야기가 중요한 이유

어린이는 잘 모를 수도 있지만, 아동 인권이라는 아주 중요한 개념이 있어요. 말이 좀 딱딱하니까 아동 권리라고 바꿔 부를게요.

아동 권리는 여러분을 통제하려는 규칙이 아니라 여러분을 보살피고 최고의 어린 시절을 보낼 수 있게 도와주는 긍정적인 법입니다. 보물처럼 아주 소중하면서도 쓰임새가 정말 많아요. 집 안에서나 집 밖에서, 온라인에서도 중요하고 매일 매 순간 중요하지 않은 순간이 없어요. 아동 권리는 세상을 더 나은 곳으로 만들어주거든요.

여러분이 누구든, 사는 곳이 어디든, 여러분에게는 태어나는 순간부터 공식적으로 어른이 되는 그날까지 아동 권리가 있답니다. 영국에서는 그 나이를 만 18세*로 정했어요. (이 나이는 나라마다 조금씩 달라요.)

★ 정확히 17년 364일
23시간 59분 59초 동안이군!

째깍
째깍

아동 권리는 아주 유용하니 꼭 알고 있어야 해요. 그중에는 말 그대로 자기 권리를 알 권리도 있지요. (알아요, 좀 헷갈리죠!) 무언가를 안다는 건 그만큼 힘이 있다는 뜻이기도 해요. 우리가 이 책을 쓴 것도 그 힘을 키우기 위해서랍니다!

당신의
열여덟 번째 생일을 축하합니다!
그동안 아동 권리를
충분히 누렸길 바랍니다!

**

전 세계에는 약 23억 명의 아동이 있어요. 이 책에 나오는 숫자 중 가장 큰 숫자에요!

여러분의 수를 모두 합하면 전 세계 인구의 약 3분의 1을 차지해요!

와! 여러분이 모두 손을 잡으면 지구를 약 77바퀴 돌 수 있는 인간 사슬이 만들어지는 거에요.

(음, 거기에는 여러분과 친구들, 갓난아기들, 막 걸음마를 시작한 아기들, 청소년들까지 포함되고, 바다랑 사막을 가로지르고 산의 위아래를 오르락내리락해야 하니 완전히 정확하지는 않겠지만, 어쨌거나……)

그래서
아동 권리가 뭔가요?

아동 권리는 어린이·청소년을 위한 인권을 말해요. 유엔아동
권리협약에 적혀 있지요. 짜잔! 이것보다 더 중요한 건 없어요.

잠깐만요.
그런데 인권이 뭐예요?

좋은 질문이에요.

인권은 법 가운데 가장
높은 법이에요. 자유라고
부르기도 해요. 인권은 모
두가 평등하고 공정하게 대우받을 권리가 있다는 것을 의미
하고, 세상을 더 나은 곳으로 만드는 데 보탬이 돼요. 인권은

진리, 공정, 평등, 안전 같은 가치들, 즉 어떻게 하면 우리가 함께 잘 어울려 살지에 관한 생각과 마음에 기반을 두고 있습니다. 전 세계 거의 모든 사람이 이런 인권의 가치를 인정하는데, 대부분의 종교도 마찬가지예요.

인권은 양심(알죠? 여러분의 머릿속에서 무엇이 옳고 그른지 알려주는 작은 목소리 말이에요)처럼 우리 안에만 있는 게 아니라 우리를 둘러싸고 있는 법에도 존재해요.

모든 나라의 정부는 인권을 보호해야 합니다. 유럽연합이나 아프리카연합처럼 나라와 나라 사이의 평화와 우정을 지탱하는 다국적 조직도 마찬가지예요. 국제연합은 전 세계 인권을 감시하는 국제기구예요.

정부는 한 나라를 돌보고 거기서 생기는 문제들을 해결할 책임을 맡은 사람들이 모인 집단이에요. 그 나라의 법과 규칙을 감독하고 새로운 규칙을 만들 수 있지요. 그렇다고 모든 정부가 똑같은 방식으로 일을 하는 건 아니에요.

의회라는 것도 있어요. 의회가 주로 하는 일은 법안을 통과시키는 걸 포함해 정부가 맡은 일을 잘하는지, 제대로 운영되고 있는지 빈틈없이 감시하는 거예요. 국회의원은 선거에서 투표를 통해 선출된 여러 정당 사람들로 이루어져 있어요. 영국의 경우 표를 가장 많이 얻은 정당이 자기 당의 일부 국회의원들로 정부를 구성하고요.

알았어요. 국제연합이 뭔지 궁금한 거죠? 우선 국제연합은 유엔(UN)이라고 간단히 줄여 부르기도 해요. 유엔은 세계 각국의 정부가 평화롭게 협력하기 위해 설립된 기구인데, 거대한 회의장을 상상하면 이해하기 쉬울 거예요. 유엔은 각 나라의 정부가 우호적인 관계를 유지하고 인권 보호 약속을 지키도록 장려한답니다.

어린이·청소년에게는 인권 말고도 아동 인권, 그러니까 앞에서 설명했던 아동 권리라는 게 따로 있어요. 어른들에게는 없는 몇 가지 권리가 더 있는 거예요. (어른들에게 당당하게 얘기하세요!)

> 그래서
> 아동 권리가 뭔데요?

지금 막 그 얘기를 하려던 참이에요! 아동 권리는 여러분이 가능한 한 최고의 어린 시절을 보낼 수 있도록 해주는 거예요. 그중에는 심지어 신나게 놀고 즐길 권리도 있답니다. 맞아요, 정말이에요! 나머지는 계속 읽다보면 알게 되겠지만, 책에서 가끔 농담을 하는 것도 다 여러분의 권리를 지켜주기 위한 거라고요! (정말 싱거운 농담도 있는데, 이해해줄 거죠?)

다리 달린 구름을
뭐라고 할까요?

'양'이에요!

아동 권리는 모든 어린이와 청소년이 신체적, 정신적, 정서적으로 건강하게 자라는 데 필요한 네 가지 권리를 바탕으로 해요.

보호받을 권리(Protection)—갑옷하고 비슷한데, 그거만큼 갑갑하지는 않게 여러분을 안전하게 지켜줄 권리예요.

생명존중의 권리(Provision)—음식이나 치료, 교육과 같이 여러분이 꼭 필요로 하는 것들을 제공받을 권리예요.

참여할 권리(Participation)—자기 생각을 자유롭게 말하고 존중받을 권리예요. 소외되는 사람 없이 누구나 참여할 수 있는 게임처럼요.

해로운 환경으로부터 안전할 권리(Prevention of harm)—그래서 정부는 여러분을 안전하게 지키기 위한 좋은 법과 제도를 마련해야 해요. 예를 들면 모든 집은 어린이에게 안전한 방식으로 지어져야 한다는 법 같은 것 말이에요.

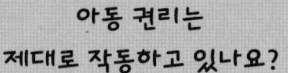

아동 권리는
제대로 작동하고 있나요?

　　물론이죠. 하지만 문제가 있어요. 모든 법은 때로 지켜지지
않기도 하는데, 그런 법이 있다는 걸 아무도 모르면 위반하기가
더 쉬워요. 그래서 아동 권리는 정부가 주의 깊게 살펴서 모두
가 그 권리를 잘 따르도록 할 때 가장 잘 지켜져요. 그렇게 하지
않으면 바람직한 상황에서 벗어난 일들이 발생할 수 있어요.

여러분이 자신의 권리를 알고 있으면, 무언가 잘못되었을 때 그 상황을 파악하는 데 도움이 돼요. 무엇을 어떻게 해야 할지 판단하는 데에도 도움이 되고요. 여러분에게 일종의 힘이 생기는 거예요.

행복이란 나의 권리가
제대로 작동할 때
느끼는 기분이에요

먹을 게 풍족하고, 안전한 집에서 살며, 궁금한 걸 배우고, 친구들과 즐겁게 뛰놀 수 있다면, 그건 여러분의 권리가 제대로 작동하고 있다는 증거예요. 하지만 그렇지 않다면, 그건 누군가가 여러분의 권리를 침해하고 있는 거예요.

　끔찍한 재난, 그러니까 수많은 어린이가 굶주리거나 전쟁으로 고통받는 일이 생겼다면, 그건 정부가 약속을 어기고 아동 권리를 유린한 거예요.

***

보통 우리는 누군가가 법을 **어겼다고** 표현해요. 그런데 그 누군가가 어긴 게 인권이라면, 인권을 **침해했다고** 표현하는 게 적절해요. 만약 그 누군가가 정부라면, 인권을 **유린했다고** 표현해요.

맞아요. 전 세계 모든 어린이·청소년에게 있어요. 여러분이 누구든, 사는 곳이 어디든 여러분 모두에게 있는 권리예요. 더 근사한 건 23억 명의 아동이 모두 똑같은 권리를 갖는다는 거예요. 그 권리를 누리기 위해 여러분에게 필요한 지원은 각기 다를 수 있지만, 권리는 모두 똑같아요. 정말이에요!

그리고 그 권리는 누구도 빼앗을 수 없어요. 여왕이든, 왕이든, 총리든, 대통령이든 그 누구도요. 아동 권리는 여러분이 법적으로 성인이 될 때까지, 영국에서는 만 18세가 될 때까지 여러분의 것이에요. 좀 딱딱하지만 공식적인 표현으로는 양

도할 수 없는 권리라고 해요. 말 그대로 여러분에게서 빼앗을 수 없는 (또는 따로 떼어낼 수 없는) 권리라는 뜻이에요.

아동 권리에 대해
모르는 사람이 왜 이렇게 많아요?
일급비밀인가요?

아동 권리는 비밀이 아니에요. 하지만 그 중요성에 걸맞은 관심을 받지 못할 때가 많아요. 사실 아동 권리에 대해 아는 사람이 별로 없어요. 이건 잘못된 일이에요. 정부가 어린이와 어른 모두에게 아동 권리에 대해 알리겠다고 약속해놓고, 보통은 신경 쓰지 않거든요.

말도 안 돼!
왜 약속을 안 지켜요?

도둑이 왜 자기
집에 침입했게요?

재택근무하는
중이었거든요!

그건 아동 권리가 제대로
작동하려면 관심을 기울여야 하는데,
정부는 다른 일에 힘을 쏟는 경향이 있기 때문
이에요. (생각해보세요. 만일 어린이·청소년에게도 투표권이
있다면, 정치인들은 여러분한테 중요한 일에 관심을 더 많이 기울일 거
예요) 다른 한편으로는 (아동 권리를 포함한) 모든 인권을 탄압
해서 더 많은 돈과 권력을 손에 쥐려는 탐욕스러운 사람들 때
문이기도 하고요. 또 어른 중에는 어린이와 청소년에게 평화
롭게 시위할 권리가 있다는 사실을 못마땅해하는 사람도 있어
요. 맞아요. 여러분에게는 의견을 말하고 평화적으로 항의할
권리가 있답니다! 151쪽을 참고하세요.

이 모든 것은 아동 권리가 '할 일' 목록의 맨 끄트머리로 밀

신발 밑창에
솜은 왜 붙였어?

'평화' 시위
중이거든!

려나서 잊히기 쉽다는 걸 보여줍니다. 그런데 아동 권리는 식물하고 비슷해서, 적절한 환경과 따뜻한 보살핌이 필요해요. 어두운 데 방치하고 돌보지 않으면 시들시들 죽을 수도 있어요.

근데 알고 있나요? 정부가 아동 권리를 굳이 모든 사람에게 가르치지 않아도, 사실 대부분의 어른은 어린이·청소년들에게 제일 좋은 것만 주고 싶어 하는 멋진 사람들이에요. 그렇게 해줄 여유가 없을 수도 있지만, 그게 그 어른들의 잘못은 아니에요. 아는 게 힘이니까 여러분이 이 책을 읽고 나서 어른들에게 아동 권리에 대해 얘기해주면 어떨까요?

아동 권리는 중요해요!

정말 맞는 이야기예요. 그래서 아동 권리는 공개적으로, 자주 이야기하는 게 좋아요. 그래야 모두가 아동 권리가 어떤 것이고 어떻게 보호해야 하는지 알 수 있어요. 아는 사람이 많아야 아동 권리가 본래의 취지대로 여러분을 보호할 수 있고요.

어떻게 시작되었는지가 궁금하다는 거죠? 알겠어요. 하지만 얘기가 좀 긴데, 준비됐나요? 그럼, 시작해볼까요!

책장을 넘기면 시간여행이 시작돼요!

인권 시간 여행

왜 이렇게 조용하지?

기원전 1500년
인도 힌두교의 베다 경전에는
사람에게 생명, 자유, 행복
같은 권리가 있다고 나와요.

기원전 1792~1750년
고대 메소포타미아의
함무라비 법전에는 형벌로
사람의 귀나 눈, 혀를 잘라도
된다고 나와 있어요. 끔찍하죠!
그런데 유죄가 입증되기
전까지는 무죄라고도 했어요.

기원전 300년
고대 그리스의 스토아 철학자들은
남성과 여성이 평등하며,
어린이를 포함해 다른 사람을
존중해야 한다고 말했어요.

2500 BCE	2000 BCE	1500 BCE	1000 BCE

기원전 2375년
오늘날 이라크의 자리에 있던
라가시라는 도시 왕국의
우루카기나 왕이 가난한
사람들과 노인들을 위한
법을 만들고, 빚진 사람을
노예로 삼는 것은
잘못이라고 말했어요.

기원전 539년
페르시아의 키루스 왕이
바빌론(고대 이라크)을 정복한 뒤
노예를 해방하고, 사람들에게 종교의 자유를 주고,
인종에 상관없이 모두가 평등하다고 말했어요.
그리고 그 내용을 점토로 만든
키루스 원통에 기록했어요.

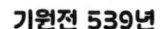

팽팽 돌아가는
멋진 아이디어군!

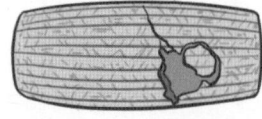

또…

기원전 2000년
바큇살을 이용한
바퀴 발명

기원전 221년
중국 진나라의 시황제가
만리장성 축조 시작

태양을 빛나게 하려면 정말 열심히 일해야 합니다.

1215년
잉글랜드의 존 왕이 귀족들의 강요에 못 이겨
마그나카르타(대헌장)에 서명했는데,
여기서 오늘날까지 이어지는 몇 가지 인권이 탄생해요.
(흠, 전부 귀족들과 교회를 위한 권리이기는
하지만, 어쨌든 그게 시작이었어요.)

1400년대
잉카인들이 오늘날의 페루에
마추픽추라는 놀라운 공중도시를 건설해요.
잉카 제국에서 가장 중요하게 여기는 덕목은
정직하고, 진실하며, 열심히 일하는 거예요.

| 500 BCE | 0 | 500 CE | 1000 CE | 1500 CE |

200년
이 무렵 유대교, 기독교, 유교,
도교, 불교를 비롯한 여러
주요 종교가 시작돼요.
(이 종교들은 한목소리로 자기가
대접받고 싶은 대로 남을 대하는
게 중요하다고 말해요.)

700년
이슬람교가 시작됐는데,
이 종교에서도 자기가
대접받고 싶은 대로
남을 대하는 게
중요하다고 말해요.

1200년대
오늘날 아프리카 말리 자리에
있던 쿠루칸 푸가의 만딩고
제국에서 만덴 헌장을 선포해요.
이 헌장은 평화, 교육,
노예제 금지 같은 인권을
보호하는 가치로 가득하지요.
그런데 글로 쓴 기록이 아니라
말로 전해 내려온답니다.

600~800년
아이스크림 발명

1455년
인쇄기 발명

1807년
영국에서 대서양을 가로지르며 자행하던 잔혹한 노예무역이 거의 200년 만에 폐지됐어요. 하지만 그 후에도 60년 동안 노예무역은 이어졌어요. 노예상들은 엄청난 보상을 받았지만, 노예들은 한 푼도 받지 못했죠.

1939~1945년
2차 세계대전으로 수만 명이 목숨을 잃었어요. 세계의 지도자들이 한목소리로 외쳤죠. "두 번 다시 벌어져서는 안 된다(never again)."

| 1800 | 1825 | 1850 | 1875 | 1900 |

1893년
뉴질랜드에서 세계 최초로 여성들이 투표권을 갖게 되었어요.

1914~1918년
1차 세계대전으로 수많은 어린이가 부모를 잃고 고아가 됐어요. 이때부터 아동의 인권을 위한 진지한 캠페인이 시작되었어요.

1917년
러시아에서도 여성들이 투표권을 인정받았어요.

1918년
영국과 독일에서 일부 여성들에게 투표권을 인정했어요.

또…

1796년
최초의 백신 개발

1876년
전화기 발명

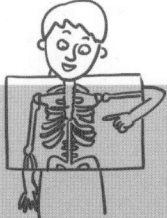

1895년
X선(엑스레이) 발견

1901년
라디오 발명

1948년
세상의 모든 사람을 위한
최초의 인권 협약
'세계인권선언'에 대한 합의가
이뤄졌어요. 만세!

2015년
파리기후변화협약이 채택되어
200여 개에 이르는 국가가
온실가스 배출량을 줄이겠다고
약속했어요.

1989년
유엔아동권리협약이
채택되었어요.

2015년
마침내 사우디아라비아에서
여성도 투표할 수 있게 됐어요!

1925   1950   1975   2000   2025

1964년
미국 민권법에서는
유색인종 차별을
(혹은 어느 누구에 대한 차별도)
불법으로 규정했어요.
마침내 이뤄졌어요!

1990년
아동의 권리와 복지에 관한
아프리카 헌장이 채택됐어요.
아프리카 54개국이 전부
여기에 서명했어요.

1994년
남아프리카에서 시행되던
인종 차별 정책 아파르트헤이트
('분리'라는 뜻이에요)가
종식되어 마침내 처음으로
모든 인종이 투표할 수
있게 되었어요.

1925년
텔레비전 발명

1969년
인류 최초로 달 착륙

1995년
인터넷 탄생

아동 권리의
간단한 역사

과거에는 수많은 어린이가 세 살 무렵부터 일을 해야 했어요. 먹을 게 부족하고 돈이 절실히 필요한 가정이 대부분이었거든요. 어린이들은 집에서, 들판에서, 공장에서 일했어요. 그래서 배고프고 지쳐 있을 때가 많았죠. 학교도 못 가고, 놀 시간도 없었고요. 하지만 시간이 지나면서 이에 항의하는 사람들이 생겨났고, 상황이 바뀌기 시작했어요.

1833년, 영국은 공장법을 제정해 9세 미만의 어린이가 공장에서 일하는 걸 금지했어요. 1881년 제정된 인도의 공장법은 7세 미만의 어린이가 공장에서 일하는 걸 금지했고요.

1870년 무렵 미국에서는 모든 어린이가 초등교육을 무상으로 받을 수 있게 됐어요. 1872년에는 일본에서도 초등 무상 교육이 가능해졌고, 1890년경에는 많은 나라로 확산됐지요.

하루에 아홉 시간만 일하면 되니까 고마운 줄 알라고!

신난다, 많이 배워야지!

1918년, 1차 세계대전과 전 세계를 휩쓴 독감의 대유행으로, 많은 나라에서 부모를 잃은 어린이들을 돕기 위한 캠페인이 활발히 일어났어요.

우리 아이들을 돌보자

어린이들을 보호하자

우리 어린 새싹들을 보살피자

1924년, 제네바 '아동권리선언'이 채택되었어요. 최초의 국제 아동 권리협약이에요!

1946년, 2차 세계대전과 홀로코스트의 공포를 겪은 후, 도움이 필요한 어린이들을 돕기 위해 유니세프 (UNICEF)가 설립되었어요. (유니세프는 United Nations International Children's Emergency Fund라는 영어 이름의 머리글자를 따서 부르는 이름이에요.)

1959년 채택된 유엔아동권리선언은 아동에게 보호, 교육, 보건의료, 주거지, 건강한 음식에 대한 권리가 있다고 규정하고 있어요.

1989년, 유엔아동권리협약은 아동 권리에 관한 내용이 더 많아지고 좋아졌어요. 만세! 이제 그 내용을 전부 확인할 수 있어요.

유엔아동권리협약

The United Nations Convention on the Rights of the Child

이름이 정말 길지요? 이제부터는 '아동권리협약'이라고 살짝 줄여 부르기로 해요. 이건 금메달감 협약이에요. 전 세계 거의 모든 국가, 정확하게는 196개 국가가 서명하고 비준했거든요! 서명했다는 것은 여러분의 권리가 매우 중요하다는 데 동의했다는 뜻이고, 비준했다는 것은 각자 자기 나라의 법을 통해 여러분의 권리를 지원하기로 약속했다는 뜻이에요.

아동권리협약에서는 아동의 모든 권리가 똑같이 중요하고 서로 연결되어 있다고 말해요. 여러분이 가진 '놀 권리'도 교육받을 권리를 포함해 여러분의 다른 권리들만큼 중요하다는 의미예요. 눈이 번쩍 뜨이는 멋진 얘기이긴 한데 좀 이상하기도 하죠? 그만큼 여러분이 온전한 어린 시절을 보내려면 그 모든 권리가 필요하다는 이야기예요.

아동권리협약의 내용은 아주 길어요. 이 책에서는 여러분

★ 영어로 시소러스는 '유의어 사전'이라는 뜻인데, 어미가 일반적으로 공룡의 이름에 붙는 -saurus와 같다는 데 착안한 조크예요. ─옮긴이 주

세상에서 단어를 제일 많이 아는 공룡은?

시소러스theSaurus!★

이 이해하고 기억하기 쉽도록 15가지의 권리로 묶어서 정리했답니다. 50~51쪽에 가면 그 목록을 볼 수 있어요.

'아동권리협약'을 비준한 정부는 협약 내용을 지키겠다고 약속한 거예요. 만세! 하지만 몇몇 나라는 이 약속을 지키기 위해 다른 나라보다 더 노력해야 해요. 흠, 가장 좋은 건 어린이·청소년에게 영향을 미치는 모든 법과 규칙(예를 들면 병원이나 학교에 관한 법과 규칙)에 아동 권리를 포함시키는 거예요. 그런데 일부 정부는 '유보'라는 카드를 써서 마음에 들지 않는 특정 권리는 지키지 않겠다고 버티기도 해요. 휴우, 한숨이 나오네요. 몇몇 나라에서는 아동 권리 전문 위원이나 옴부즈맨이라는 기구를 둬서 상황을 두루 살피고 정부가 일을 더 잘하도록 독려한답니다. 이렇게 하는 건 좋은 거예요.

미국은 '아동권리협약'의 체결을 돕고 서명도 했지만 비준을 하지는 않았어요. 좀 이상하죠? 하지만 미국에 사는 아동이라도 걱정할 거 없어요! 여러분에게는 여전히 다른 합의를 통해 보장받을 수 있는 아동 권리가 있거든요. 게다가 많은 전문가가 미국도 이 협약을 따라야 한다고 목소리를 높이고 있어요. 이들은 아동에게 최선의 이익을 추구하는 것은 선택적으로 할 수 있는 일이 아니라고 말해요. 그것도 라틴어로요! [잘 들어보세요. '유스 코겐스^{jus cogens}!'(이건 '강행법규'라는 뜻이에요.)] 다시 말해, 모두가 어린이·청소년에게 최선의 이익이 되는 무언가에 동의한다면, 혼자만 예외일 수 없다는 의미에요.

아동 권리는
누가 책임지는 거죠?

모두에게 각자의 역할이 있지만, 이렇게 나눌 수 있어요.

집, 학교, 공동체에서

어른이라면 누구나 여러분이 태어난
순간부터 아동 권리를 보호해야 해요.
여기에는 여러분의 부모님, 선생님,
의사, 종교 지도자, 이웃들이 모두
포함돼요. 여러분과 여러분의 친구들
역시 서로의 권리를 지켜줘야 하고요!

국가에서

'아동권리협약'에 따라 여러분이
사는 나라의 정부는 아동 권리를
보호해야 할 의무가 있어요.
경찰, 병원, 학교, 사회복지 기관 같은
공공기관을 통해 보호가 이루어져요.

전 세계

유엔아동권리위원회라는 기구가 있어서
세계의 아동 권리가 잘 보호되는지
계속 감시해요. 잘못하는 정부가 있으면
위원회에서 따끔한 질문을 던지고요.
또 불만 사항을 듣고 정부에
개선 조치를 취하도록 요구할 수도 있어요.

흥미로운 얘기를 해볼게요. 만약 심각한 아동 권리 문제가 있는 데 정부가 도와주지 않으면, 여러분이 (맞아요, 바로 여러분이요!) 유엔아동권리위원회에 불만을 얘기할 수 있어요. 이건 의견을 말할 권리와 관련이 있는데, 어떤 사람들은 불만을 제기할 권리라고도 해요. (원래 명칭은 '개인청원에 관한 유엔아동권리협약 선택의정서'인데…… 어랏, 여기서 졸면 안 되는데……) 절차가 좀 까다롭기는 해요. 변호사와 도움이 될 만한 기관의 협조를 받아야 하는데, 이 의정서를 비준한 50여 나라 중 하나에 산다면 기술적으로 가능해요. (이 책 마지막에 나와 있는 '전 세계에서 활동 중인 유용한 단체들' 목록에서 도움이 될 만한 기관을 찾아보세요.)

만세! 이제 가장 중요한 부분으로 넘어가서, 여러분의 아동 권리를 알아볼 차례예요! 두구두구…….

2부:

여러분의 권리를 배워봐요

"모든 걸 배우고 나서

어떤 길을 갈지 선택해야 합니다."

– 말랄라 유사프자이

이것이 여러분의 아동 권리예요

생명, 존엄, 건강
여러분은 영양가 있는 음식과 깨끗한
물을 제공받고, 청결한 환경에서
건강하게 살며 성장할 권리가 있어요.

평등
여러분이 누구든, 세계의 다른
모든 어린이·청소년과 똑같은
권리를 가지고 있어요.

신분
여러분은 이름과
국적을 갖고, 한
나라에 소속될
권리가 있어요.

소수민족과
선주민으로서의 권리
여러분이 소수민족이나
선주민일 경우,
여러분 고유의 문화와 생활
방식을 영위할 권리가 있어요.

안전한 장소의 제공
여러분은 안전한 장소에서
생활하며 보살핌을 받을
권리가 있어요.

유해한
것으로부터의 보호
여러분은 유해한 것으로부터
보호받을 권리가 있어요. 그
누구도 여러분을 잔인하게
대하거나 위험한 일을 하라고
강요할 수 없어요.

법적 문제를 겪는
아동의 보호
여러분은 가혹하거나 유해한
방식으로 처벌받지 않을 권리가
있어요. 공정한 재판을
받을 권리도 있고요.

무기와
전쟁으로부터의 보호
여러분은 무기가 동원된
폭력으로부터 보호받을 권리가
있어요. 누구도 여러분에게
전투에 참여하라고
강요할 수 없어요.

내 몸의 주인은 바로 나

여러분은 자기 몸에 일어나는 일을 스스로 결정할 권리가 있어요.

생각의 자유

여러분은 자유롭게 생각할 권리가 있어요. 원하는 종교를 따를 수 있고, 종교를 갖지 않을 수도 있어요.

사생활 보호(프라이버시)

여러분은 사생활을 보호받을 권리가 있어요. 온라인을 포함해, 그 누구도 여러분을 감시하거나 괴롭히거나 여러분에 대한 거짓말을 퍼트려서는 안 돼요.

교육

여러분은 좋은 교육을 통해 잠재력을 최대한 발휘해 배움을 확장하고 성장할 수 있는 권리가 있어요. 자신의 권리가 뭔지 알 권리도 있고요.

놀이

여러분은 놀고, 즐기고, 휴식을 취하고, 친구를 사귈 권리가 있어요.

참여

여러분은 중요한 대화에 참여하고 의견을 존중받을 권리가 있어요.

표현

여러분은 자기 자신을 표현할 권리가 있어요. 평화 집회에 참여하는 것도 이 권리에 속해요. 적절한 (그리고 해롭지 않은) 모든 정보를 얻을 권리도 있어요.

책장을 넘겨 여러분의 놀라운 권리를 하나씩 자세히 알아봐요!

생명, 존엄, 건강

여러분은 영양가 있는 음식과
깨끗한 물을 제공받고,
청결한 환경에서
건강하게 살며 성장할 권리가 있어요.

여러분이 가진 생명에 대한 권리는 여러분이 태어난 그 순간
부터 인정되는 거예요. 여러분은 건강히고 튼튼히게 자라는
데 필요한 것을 누려야 하고, 존중받아야 해요. 어른들은 항
상 여러분에게 최선이 되는 이익('여러분에게 가장 좋은 것'이라는
의미예요)을 최우선으로 생각해야 하지요.

　정부는 여러분에게 깨끗한 식수, 영양가 있는 음식, 양질
의 의료 서비스, 적절한 위생 시설(세균이 퍼지는 걸 막기 위한 화
장실과 하수도)을 제공해야 해요. 건강을 유지하는 법도 알려줘
야 하고요. 여러분의 부모님이나 보호자가 어려움을 겪고 있
다면, 정부가 여러분을 양육하는 데 필요한 도움을 제공해야
해요.

　무엇보다 각국 정부가 힘을 합쳐 환경을 보호하는 일이 중

요해요. 환경이 오염되면 다른 어떤 것도 불가능하거든요. 그래서 잘사는 나라들이 가난한 나라들을 도와야 해요.

실제로는 어떨까요?

전 세계 아동의 대부분이 오염된 공기를 마시며 지내고, 10억 명의 어린이·청소년이 여전히 충분한 음식, 깨끗한 물, 적절한 주거나 의료 서비스를 제공받지 못하고 있어요. 맞아요. 숫자를 잘못 읽은 게 아니에요. 10억 명이에요. 100만의 1,000배예요. 전체 아동 인구의 거의 절반에 가까운 수예요.

아동 한 명을 '1초'라고 상상해보세요. 이제 100만 초를 세어보는 거예요. 1초, 2초, 3초……. 이런 식으로 100만 초를 세려면 11일이 걸려요. 10억 초를 세려면 32년이 걸리고요. 농담이 아니에요!

이런 일이 생기는 이유 중 하나는 세계 각국 정부가 우리가 사는 이 멋진 지구를 함부로 다루고 있기 때문이에요. 그들은 기업들이 숲을 벌목하고, 화학 폐기물을 강과 바다에 흘려보내고, 플라스틱을 바다에 버리는 걸 내버려두고 있어요. 지구에 사는 다양한 생명체, 그러니까 **생물의 다양성**에 심각한 영향을 미치는데도요. 모든 생명체는 산소와 물, 그리고 식량을 얻기 위해 다른 생명체에 의존해요. 우리 모두에게는 서로가 필요하다는 의미예요.

또 정부들은 지구의 **기후 변화**, 그러니까 기온이 자꾸 올라가는 지구의 온난화도 잘 막지 못하고 있어요. 온난화가 발생하는 가장 큰 이유는 사람들이 지하 깊은 곳에 묻혀 있는 선사시대 동식물의 잔해로 형성된 석탄, 석유, 천연가스 같은 **화석연료**로 에너지를 만들기 때문이에요. 이건 여러모로 걱정스러운 일이에요. 우선 이 연료들을 정제하는 과정에서 독성 물질이 대기로 배출돼요. 화석연료를 실제로 사용할 때도 수백만 톤의 이산화탄소(CO_2)가 공기 중으로 배출되고요. 이 이산화탄소가 태양열을 가두는 거대한 온실 같은 역할을 하는데 이걸 **지구 온난화**라고 말해요. 이 지구 온난화 때문에 전 세계의 날씨가 바뀌고 있어요. 폭풍이나 홍수, 가뭄이 더 자주 발생해서 많은 사람이 난민이

고슴도치들은 포옹하면서 어떤 소리를 낼까요?

앗 따가워!

되고, 약 100만 종의 식물과 동물이 멸종 위기에 처했어요.

하지만 좋은 소식도 있어요! 2022년에 세계 지도자들이 2030년까지 토지와 물의 30퍼센트를 보호하기로 합의한 거예요. 충분하지는 않지만 생물의 다양성을 위한 작은 진전이 이루어진 거예요.

혹시 알고 있나요? 해결책이 있다는 걸요! 정부와 기업들이 합심해서 행동을 바꾸면 생물의 다양성을 개선하고 기후 변화 문제가 악화되는 걸 막을 수 있어요. 이 문제의 개선을 요구하는 사람이 많을수록 그들도 관심을 더 많이 기울일 거예요.

그레타 툰베리와
'미래를 위한 금요일'

"변화를 일으키는 데 나이
가 어린 건 상관없어요."

그레타 툰베리는 스웨덴
에서 자랐어요. 그녀는 열
다섯 살 때 기후 위기 문제의 심각성을 깨닫
고 뭔가 해야겠다고 결심했어요. 2018년 8월 스웨덴의 선거
를 3주 앞두고 툰베리는 학교에 가는 대신 매일 스웨덴 의회
밖에 앉아 '기후를 위한 등교 거부(School Strike for Climate)'라
고 쓴 팻말을 들고 시위를 했어요. 처음에는 혼자였지만 얼마
지나지 않아 다른 학생들이 동참했어요. 그해 9월, 이들은 스
웨덴 정부가 기후를 보호하고 지구 온도 상승을 1.5°C 이하
로 유지하겠다고 약속할 때까지 계속 등교를 거부하기로 했
어요. 그리고 #미래를위한금요일(FridaysForFuture)이라는 해
시태그를 만들어 전 세계 다른 청소년들의 등교 거부를 독려
했어요. 그로부터 1년 뒤 161개국 400만 명의 어른과 어린이
가 이 대규모 기후 파업에 동참했어요. 이제 세계 각지에서는

금요일마다 정치인들에게 더 많은 걸 요구하는 등교 거부가 이어지고 있고, 100개국이 넘는 나라에서 100만 명이 넘는 청소년들이 이 행진에 참여하고 있어요. 그레타와 '미래를 위한 금요일' 덕분에 기후 변화의 심각성에 대한 대중의 인식은 훨씬 높아졌고, 수많은 사람의 요구 앞에서 여러 나라의 정부가 기후 변화를 더 진지하게 받아들일 수밖에 없었답니다.

행동주의는 여러분에게 중요한 어떤 문제에 대해 행동을 취하고 긍정적인 변화를 끌어내는 것을 의미해요. 벌써 이렇게 하고 있다고요? 여러분은 이미 **활동가**군요!
연대는 함께한다는 의미에요. 서로를 위해 혹은 여러분에게 중요한 대의를 위해 함께 나서는 거지요.

여러분은 무엇을 할 수 있을까요?

≫ 학교나 여러분이 사는 지역에서 환경위원회를 만들어보세요. (이산화탄소를 흡수할 뿐 아니라) 벌과 다른 야생동물들이 모여들도록 꽃가루와 꿀이 많이 나는 꽃과 채소를 심어 정원을 가꿀 수도 있

어요. 학급에서 기발한 상품을 걸고 전등 끄기 대회를 여는 것도 좋고요. 가능하면 걷거나 자전거를 이용하고, 어른들에게는 자동차가 대기하는 동안 불필요한 에너지 낭비를 막기 위해 엔진을 끄자고 요청할 수도 있어요.

≫ 사람들, 특히 여러분이 사는 지역의 정치인에게 여러분이 하는 일을 알리세요. 여러분의 큰 관심사가 뭔지 보여주는 거예요.

≫ 꿀벌에게는 마실 물뿐만 아니라, 애벌레를 돌보고 벌집을 시원하게 유지할 수 있는 물이 필요해요. 벌이 내려앉을 수 있게 플라스틱이나 알루미늄 재질이 아니라 점토나 돌로 만든 크고 얕은 그릇을 준비해주세요. 벌이 물에 빠지지 않도록 자갈이나 돌을 많이 깔고 물을 채워서 바깥에 놔두세요. (덥고 햇볕이 강한 날에는 물을 자주 채워줘야 해요.)

이런 건 아동 권리가 아니에요

미국 플로리다주에서는 오후 6시 이후에 공공장소에서
방귀를 뀌는 게 위법이에요.

신분

여러분은
이름과 국적을 갖고,
한 나라에 소속될
권리가 있어요.

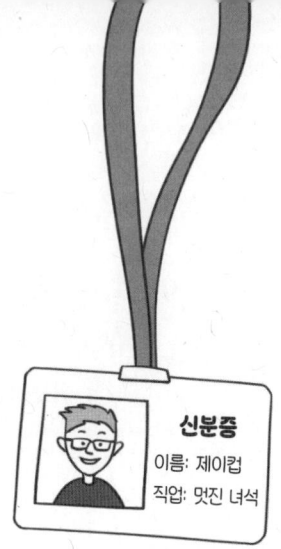

아동 권리를 보물상자라고 상상해보세요. 신분을 가질 권리
는 그 보물상자를 여는 열쇠예요. 여러분이 태어나면 여러분
의 부모님이나 보호자는 해당 관청에 여러분의 이름을 등록
해야 해요. 그래야 여러분에게 여러분이 사는 나라에 소속될
수 있는 권리인 국적이 주어져요. 국적이 없으면 다른 권리를
얻기가 어려워요. 예를 들어 학교나 병원에 등록할 수 없고,
여권을 발급받을 수도 없어요(그러면 해외여행을 갈 수가 없어요).
어른이 된 뒤에도 운전면허증이나 투표권을 가질 수 없어요.
이게 끝이 아니에요. 국적은 문화와도 연관되어 있기 때문에
(76쪽을 참고하세요) 여러분이 듣는 음악이나 하는 놀이, 사귀
는 친구 등에 영향을 미쳐요. 이런 것들은 여러분이 안전하고
편안한 기분을 느끼게 해줘요.

물론 여러분은 아동이므로 당연히 아동의 권리를 가지고 있지만(만세!), 법적 신분은 여러분의 존재를 공식적으로 증명해주는 증거예요. 사회가 여러분을 구성원으로 받아들여야 한다는 걸 의미하지요.

실제로는 어떨까요?

공식적인 신분이 없으면 법의 눈에 보이지 않아요. 그럼 삶이 덜 안전해져요. 알고 있나요? 전 세계 다섯 살 미만 어린이 가운데 거의 절반이 공식적인 신분을 갖고 있지 않아요. 열여덟 살 미만으로 공식적인 신분이 없는 아이들은 2억 9,000만 명에 달하고요! 웸블리 스타디움 3,222개를 채울 수 있고, 한 사람씩 쌓아올리면 세계에서 제일 높은 산보다 50배나 높은 탑을 세울 수 있는 숫자예요.

그런데 이 아이들에게는 왜 공식적인 신분이 없을까요? 첫째는 아동을 관청에 등록하는 데 비용이 많이 드는 데다, 정부가 설명을 잘 하지 않아 등록의 중요성을 부모들이 잘 모르는 경우가 많아요. 둘째는 난민인데 급히 탈출하느라 신분증을 챙기지 못해 자신이 누구인지 증명할 수 없는 경우도 있고요.

의사: 다음 환자!

환자: 선생님, 선생님, 저 투명인간 같아요!

의사: 다음 환자, 안 계세요!

셋째는 국적을 취득하기 어려운 난민 캠프에서 태어난 경우예요. 넷째는 여자 어린이이거나 소수민족 출신이라 일부 나라의 관청에서는 소홀하게 취급하기도 해요. 한숨이 푹푹 나올 정도로 말이 안 되는 이유가 정말 많아요.

프란시아 시몬

"제가 나이도 어리고 키도 작으니까, 그들은 저 같은 여자애는 그냥 돌려보내도 괜찮다고 생각했어요. 그래도 전 겁먹지 않았죠. 오히려 화난 것처럼 보일 정도로 진지한 표정으로 약속을 잡아달라고 요구했어요."

프란시아는 도미니카공화국에 있는 어느 가난한 마을에서 태어났어요. 그녀의 부모님은 아이티에서 온 난민이었기 때문에 그녀에게는 공식적인 서류가 없었어요. 그래서 고등학교에 너무 가고 싶은데도 갈 수 없었어요. 다행히 도미니카 국적을 가진 이모의 도움으로 공식적인 출생증명서를 발급받아 고등학교에 다닐 수 있었어요. 이런 상황이 너무 불공평하다고 생각한 프란시아는 자기와 같은 일을 겪고 있는 아이들을 돕기로 했어요. 그녀는 900명—맞아요, 900명이에요!—의 어린이가 출생증명서를 받아 학교에 갈 수 있게 독려했지요. 집집마다 다니면서 아이들에게 아동 권리가 뭔지 이야기해주고, 신청서 작성하는 법을 알려주고, 관청에 직접 데려가기도 했어요. 그녀는 열여섯 살 때 그 노력을 인정받아 국제어린이평화상을 받았답니다.

이런 건 아동 권리가 아니에요

고대 이집트의 파라오 람세스 2세는 기원전 1213년 무렵에 죽었어요. 그로부터 3,000여 년이 지난 1974년에 그의 미라(보존된 시신을 말해요)가 특수한 복원 처리를 받기 위해 파리로 이송되었어요. 이 여행을 위해 미라에 여권이 발급되었는데, '직업'란에 '왕(사망)'이라고 적혀 있었대요.

평등

여러분이 누구든,
세계의 다른 모든
어린이·청소년과 똑같은
권리를 가지고 있어요.

평등하다는 것은 인종이나 민족성, 피부색, 성별, 성적 자아감
(젠더gender), 성적 지향(섹슈얼리티sexuality), 종교는 물론이고, 부
유하든 가난하든, 장애가 있든 없든, 신경다원적이든 신경전
형적이든, 부모님의 정치 성향이 어떻든 상관없이 모든 어린
이·청소년이 똑같은 권리를 갖는다는 걸 의미해요. 이런 것들
은 아무런 차이를 만들어내지 못해요.

평등은 다양성과 밀접한 관련이 있는데, 우리는 모두 특별
하고 똑같은 기회를 누릴 자격이 있다는 걸 의미해요. 남들과
다르다고 걱정할 필요 없어요. 세상에는 다른 사람과 완전히
똑같은 사람이 아무도 없어요. 일란성쌍둥이라도 완전히 똑
같지는 않아요. 우리의 공통점뿐 아니라 놀라운 차이점이 우
리를 인간답게 만들어주는 거예요.

우리는 모두 인간이에요!

인종은 피부색 같은 신체적 특징을 공유하는 집단을 가리키는 말이에요. 근거 없는 개념인데 수세기 동안 전 세계에 큰 영향을 미쳤어요. 우리가 가진 DNA는 99.9%가 일치한다는 게 과학적으로 입증됐어요. 이 말은 우리의 몸과 뇌가 거의 똑같다는 걸 의미해요. 인종은 오직 하나, 바로 인류예요.

민족성은 여러분 가족의 역사와 전통, 문화를 의미하는데, 국적하고는 다른 거예요. 국적은 여러분에게 시민권을 부여한 (그래서 여러분에게 여권을 발부해주는) 나라를 말해요. 옛날에는 민족성이 어느 지역에 사는지와 연관이 있었을 거예요.

성별은 성적 자아감이나 성 정체성과 관련은 있지만 똑같은 건 아니에요. 성별은 여러분이 가지고 태어나는 성기('생식기'라고도 부르는 음경 또는 질)에 따라 결정돼요. 대다수 아기는 남성이나 여성(남아 또는 여아)으로 태어나지만, 남성과 여성의 특징을 모두 가지고 태어나는 '간성'처럼 다양한 경우가 있을 수 있어요. (앗! 여러분이 간성이라고요! 정말 반가워요! 간성은 수백만 명 중에 한 사람 정도 있거든요.)

성적 자아감은 여러분의 성별에 따라 사회가 여러분에게 기대하는 행동 방식을 말하는데, 시간과 장소에 따라 달라져요. 예를 들어 유럽과 미국에서는 분홍색은 여아, 파란색은 남아와 연관시키는 경우가 많기 때문에 옷이나 장난감 색상이 이런 식으로 정해지기도 해요. 하지만 그거 알아요? 1940년대 이전에는 분홍색은 남아, 파란색은 여아로 색상 연결이 정반대였어요!

성 정체성은 자신이 생각하는 자기 성별을 의미하는데, 내가 남자아이라고 생각하는지 아니면 여자아이라고 생각하는지, 둘 다 아니거나 그 중간 어디쯤이라고 생각하는지를 말해요. 성 정체성은 시간이 지나면서 달라질 수 있어요.

성적 지향은 여러분이 여러분과 같은 성별 혹은 성 정체성을 가진 사람에게 정서적으로나 성적으로 매력을 느끼는지, 아니면 다른 성별 혹은 성 정체성을 가진 사람에게 끌리는지에 관한 거예요. 이것도 시간이 지나면서 달라질 수 있어요.

신경전형성과 **신경다양성**은 인간의 뇌가 정보를 학습하고 처리하는 방식하고 관련이 있어요. 여러분의 뇌가 사회에서 일반적으로 기대하는 방식으로 작동하면, 그걸 신경전형적이라고 해요. 하지만 여러분에게 자폐증이나 난독증, 통합운동장애 같은 게 있다면, 그건 여러분에게 신경다양성이 있는 거예요. 신경다양성이 있으면 일상생활에서 추가적인 어려움을 겪을 수 있어요. 이따금 구멍은 동그란데 네모난 못을 억지로 끼워 넣고 있는 것 같은 기분이 드나요?

그건 사회가 여러분에게 필요한 것을 (다른 사람들에게 필요한 것과) 동등하게 지원하도록 하는 체계가 마련되어 있지 않아서 생기는 문제예요.

> 우리가 누구든,
> 우리 모두에게는
> 정확히 똑같은
> 아동 권리가 있어요.

67

기후 운동가인 그레타 툰베리 (56~57쪽에 자세한 내용이 있어요) 는 자신에게 있는 자폐증에 이런 가치를 부여했어요. "자폐증이 있는 사람은 대부분 지루해하지 않고 오랫동안 앉아서 할 수 있 는 특별한 관심사를 가지고 있어요. 그게 때로는 아주 유용하 죠. 자폐증은 여러분을 가로막는 장애물일 수 있지만, 환경이 적절하게 받쳐주고, 적절한 사람들이 주위에 있고, 자기에게 필요한 적응을 하면서 어떤 목표를 갖게 될 경우 좋은 일에 쓸 수 있는 유용한 수단이 될 수 있어요. 그게 제가 지금 경험 하고 있는 일이에요."

실제로는 어떨까요?

평등의 반대는 부당한 차별인데, 이건 일종의 괴롭힘이에요. 어떤 사람이 단지 그 사람이라는 이유로 못되게 구는 거죠. 이건 **편견**하고도 연관이 있는데, 편견이란 그냥 다르다는 이 유만으로 그 사람을 깔보거나 두려워하는 거예요. 많은 어린 이·청소년이 차별을 극복하지만, 차별은 다른 사람들보다 사 는 게 더 힘들다고 느끼게 만들 수 있어요.

이걸 꼭 기억하세요. 사람들이 여러분에게 못되게 군다면, 그건 여러분 때문이 아니라 그들이 가진 편견 때문이라는 걸요. 스스로에게 진실된 모습으로 사세요. 그건 여러분의 권리예요.

밝은 면을 찾아본다면, 수백만 명의 사람들이 평등을 위해 싸우고 있어요. 그러니까 가끔 외롭게 느껴지면 전 세계 수많은 사람이 세상을 바꾸기 위해 노력하고 있다는 사실을 기억하기로 해요.

★★
★

장애인 차별은 장애가 있거나 정신 건강에 어려움을 겪는 아동과 어른이 괴롭힘을 당하거나 다른 사람들과 똑같은 기회를 얻지 못하는 경우를 말해요. **인종차별**은 인종에 대한 잘못된 생각에 기반해 다른 사람들을 부당하게 대하는 건데, 보통 유색인종과 선주민, 소수집단 사람들에게 해를 입혀요. **반유대주의**는 유대인에 대한 두려움과 증오를 의미하는데, 보통은 인종이나 문화 또는 신앙에 대한 왜곡된 생각이 바탕에 깔려 있어요. **이슬람 혐오**는 반유대주의와 비슷한데, 그 대상이 이슬람교도예요. **외국인 혐오**는 외국인에 대한 두려움과 증오를 의미해요(그리고 난민을 향할 때가 많아요). **성차별과 성차별주의**는 성적 자아감을 이유로 사람들을 부당하게 대우하는 것이고, **여성 혐오**는 여자아이가 남자아이보다 덜 중요하다는 믿음이에요. **동성애 혐오**는 게이, 레즈비언, 양성애자들에 대한 두려움과 괴롭힘을 말하는데, 양성애자는 자기와 성별이 같은 사람이나 다른 사람 모두에게 성적으로 매력을 느끼는 사람들이에요. **성전환자 혐오**는 트랜스젠더(성별이 타고난 성별과 다른 사람)와 논바이너리인 사람들(자신의 성별을 남성 또는 여성 중 하나가 아니라 둘 다이거나 둘 다 아니라고 생각하는 사람)에 대한 두려움과 괴롭힘을 말해요. 마지막으로, 만약 여러분이 가난하거나, 특정 계급 혹은 신분에 속하거나, 전쟁이 벌어지고 있거나 기후 변화의 영향을 많이 받는 지역에 살고 있다면, **빈곤 차별**(또는 '가난 차별')로 인해 인생에서 공정한 출발을 하기 힘들 수 있어요.

혐오 발언은 특정 집단 사람들에게 하는 끔찍한 말로, 다른 사람들이 그 집단 사람들에게 상처를 입히도록 부추기는 말이에요. 결코 용납하면 안 되는 일이에요.

교차성은 서로 다른 유형의 이런 경험들이 모두 연결되어 원래 없던 차별이나 특권이 생기는 경우를 말해요. 어떤 사람들은 왜 다른 사람들보다 더 차별을 받는지 설명하는 데 유용해요.

여러분은 무엇을 할 수 있을까요?

» 사람들을 있는 그대로 존중하고 칭찬하세요. 우리는 모두 같은 인간이고, 그러므로 모두 저마다 특별하지만 공통점도 많아요.

» 말로 하든 행동으로 하든, 모든 종류의 괴롭힘에 반대하는 목소리를 내세요. 그리고 할 수 있다면 괴롭힘당하는 사람을 도와주세요.

여러분이 생각하는 것보다 훨씬 더 큰 도움이 될 거예요.

≫ 아는 사람 가운데 트랜스젠더나 논바이너리인 사람이 있다면, 그 사람이 선택한 성별(그he, 그녀she, 그들they)로 불러주세요. 잘 모르겠다면, 적당한 때를 기다렸다가 어떻게 부르면 좋을지 물어보세요.

≫ 잘 듣고 배우세요. 실수를 했다면 인정하세요. 실수를 인정하면 더 많은 걸 배울 수 있어요. 인생은 배움의 연속이랍니다.

남아프리카공화국에서 열세 살의 줄라이카 파텔과 다른 흑인 학생들이 인종차별적이고 성차별적인 두발 정책에 반대하는 시위를 벌여 화제가 됐어요. 원래 학칙에는 학생들이 머리를 곧게 펴야 한다고 규정되어 있었지만, 시위 학생들의 요구가 받아들여져 학교에서 학칙을 변경했어요.

칠레에 있는 아마란타 학교는 트랜스젠더 학생들과 그 형제자매들, 그리고 학교에 적응하는 데 어려움을 겪는 모든 아이를 위한 (아마도) 세계 최초의 학교예요. 이 학교는 자신의 정체성 때문에 괴롭힘당하는 아이들에게 안전하고 환영받는 공간을 제공하기 위해 설립되었답니다.

에이미, 하이메, 케인 그리고 제이미

"우리는 우리 지역사회의 다른 사람들과 똑같은 권리를 누리고 싶을 뿐이에요."

에이미, 하이메, 케인 그리고 제이미는 영국 웨일스에 살아요. 이 아이들은 종종 괴롭힘을 당해요. 에이미와 하이메는 보충 학습이 필요하고, 케인과 제이미는 휠체어를 사용하거든요. 케인과 제이미는 인도에 주차된 자동차 같은 방해물 때문에 휠체어를 타고 쉽게 오가기가 어려워요. 그래서 이 아이들은 행동에 나섰어요. 경찰 특별 기금에서 비용을 지원받아 비디오카메라를 산 거예요. 그리고 증거를 모으기 위해 일상에서 겪는 일들을 촬영했어요. 그렇게 만든 영상을 웨일스 의회에서 상영했는데, 효과가 있었어요. 정치인들이 문제를 해결하는 데 필요한 조처를 취하기로 약속한 거예요. 이후 다른 아이들이 합류했고, 지방의회 의원들도 의사를 결정할 때 이 아이들의 의견을 더 많이 반영했어요. 한 예로, 의회는 지역 공원과 놀이터를 설계하고 조성할 때 이 아이들이 다니는 학교를 초청해 도움을 받았어요.

트램펄린 위에서 뛰고 있는
소를 무라고 할까요?

밀크세이크

소수민족과 선주민으로서의 권리

여러분이 소수민족이나 선주민일 경우,
여러분 고유의 문화와 생활 방식을 영위할
권리가 있어요.

조상들이 대대로 살아온 지역에 여러분이 살고 있다면 여러분은 선주민이에요. 여러분에게는 고유한 언어와 신념, 생활 방식이 있을 뿐 아니라, 아마도 조상 대대로 물려온 그 땅과 특별한 관계를 맺고 있을 거예요.

여러분의 피부색이나 인종, 종교 또는 언어가 여러분이 사는 나라의 지배 집단하고 다르면, 여러분은 소수집단에 속해요. 그런데 이상하게도 '소수'가 항상 수적으로 더 적은 걸 의미하지는 않아요. 여기서 지배 집단은 힘을 더 많이 가졌다는 걸 의미해요. (이런 걸 '소수화되었다'고 해요.) 미국에서는 흑인계 미국인, 유럽에서는 집시, 로마니족 같은 유랑 민족, 일본에서는 부라쿠민이 소수집단이에요. 선주민도 대개는 소수집단에 속해요.

전 세계에는 다양한 문화를 가진 5,000여 개의 소수민족 및 선주민 집단이 있어요.

문화는 다양한 집단의 사람들이 각기 살아가는 방식을 말해요. 여러분의 전통이나 신념, 음식, 언어, 음악, 생활 방식 같은 것들이지요. 여러분의 정체성이나 여러분이 집에 있을 때 느끼는 기분의 근간이 되는 것들이에요. 여러분의 문화는 자랑스러워할 만한 거랍니다.

실제로는 어떨까요?

소수집단과 선주민 아동은 학교에서 소외되고 따돌림당하고 배제될 가능성이 좀 더 높아요. 학교에서 이들의 역사나 언어, 이야기를 가르치는 일이 거의 없기 때문에 많은 어린이와 청소년이 학교에 적응하기 위해서는 자신의 진정한 모습을 숨겨야 한다고 느껴요. 정말 마음 아픈 일이에요. 이런 일을 통해 문화가 어떻게 소멸하는지도 알 수 있어요.

알고 있나요? 공룡이나 동물, 식물만 멸종되는 게 아니에요. 570개의 언어가 **심각한 멸종 위기**에 처했는데, 검은 코뿔소를 비롯한 다른 수많은 생물과 마찬가지로 그 언어들도 세상에서 사라지기 직전이에요. 지난 한 세기 동안 최소 400여 개의 언어가 완전히 사라졌어요. (한 세기라고 하면 대략 여러분 할머니의 할머니가 살던 시절부터인데, 그분들이 사용했을 수도 있지만 더는 존재하지 않는 그 다양한 말들을 상상해보세요!)

이렇게 언어가 멸종하는 이유는 해당 언어 사용자들이 학교나 직장에 다니기 위해 다수의 사람이 사용하는 언어를 쓸 수밖에 없기 때문이에요. '그냥 말인데, 그게 뭐 어때서?'라고 생각할 수 있지만, 그렇지 않아요. 이건 정말 중요한 문제예요. 여러분이 사용하는 언어는 여러분과 여러분 문화의 일부거든요. 언어에는 노래와 이야기, 고유한 전통과 지식이 담겨 있어요. 언어가 사라지면 문화와 생활 방식 전체가 위협받아요.

상당수의 선주민이 전 세계 동·식물의 약 80퍼센트가 서식해 생물 다양성이 매우 풍부한 지역에 살아요. 선주민들의 문화적 전통을 들여다보면, 이들이 자연을 존중하는 방식으로 사냥과 낚시, 채집을 하는 전문가들이라는 걸 알 수 있어요. 그래서 소수민족과 선주민의 권리를 옹호하는 일은 지구와 자연환경을 위한 노력이기도 해요.

이런 건 아동 권리가 아니에요

프랑스 남서부의 사르푸렝스라는 지역에서는 묫자리가 부족해서 죽는 게 법으로 금지돼 있어요. 이 법을 어기면 무거운 처벌을 받아요. (죽었는데 어떻게 벌을 받죠?)

오텀 펠티에

"물은 어머니 대지의 생명 수예요. 저는 인종이나 피부 색이 어떻든, 부자든 가난하든, 누구나 깨끗한 물을 마실 자격이 있다고 생각해요. 물을 존중하거나 물에 대한 인식을 높이는 데 꼭 선주민일 필요는 없어요."

오텀은 캐나다의 선주민 보호구역인 윅웨미콩 비양도 영토 출신으로, 자랑스러운 아니쉬나베(캐나다 오대호 부근의 선주민 집단이에요) 선주민 소녀이자 국제 선주민 인권 운동가예요. ('비양도' 영토라는 말은 양도되지는 않았지만—쉽게 말해, 조약이 체결되거나 전쟁으로 정복되지는 않았지만—유럽 정착민들이 선주민들에게서 빼앗은 땅을 말해요) 그녀는 대고모인 조세핀 만다민으로부터 선주민 땅에서 신성한 물을 보호하는 방법에 대한 영감을 받았다고 해요. 오텀은 여덟 살 때 수돗물이 너무 오염돼 마실 수 없는 이웃 마을을 방문했어요.

이때 그녀는 캐나다가 세계에서 물이 가장 풍부한 나라 중 하나이지만 캐나다 선주민 지역에는 안전한 식수가 없다는 사실을 알게 됐어요. 선주민 보호구역에 사는 사람들 중 일부는 수돗물이 오염된 탓에 생수를 사서 마셔야 했는데, 인근 마을과 도시 사람들은 깨끗한 물을 마실 수 있었지요.

이 사실에 큰 충격을 받은 오텀은 누구에게나 깨끗한 물을 마실 권리가 있다고 외치기 시작했어요. 그 후 오텀은 사람들 앞에서 다수의 연설을 했고, 열두 살 때는 캐나다 총리를 비판하고 유엔에서 세계 지도자들과 대화를 나누기도 했어요. 전 세계 선주민의 깨끗한 물 마실 권리를 위해 투쟁한 그녀는 다수의 의미 있는 상을 받았고, 2022년에는 국제어린이평화상 최종 후보에도 올랐어요.

하지만 오텀의 노력에도 불구하고, 선주민 보호구역에 공급되는 수질은 여전히 좋지 않아요. 그래서 그녀는 드림캐처라는 자선단체와 손잡고 수백 가구의 선주민 공동체에 정수 필터를 설치했어요. 오텀은 전 세계 어린이·청소년이 물과 환경을 보호하는 일에 나설 때 힘이 되어주고 싶어 해요.

안전한 장소의 제공

여러분은
안전한 장소에서 생활하며
보살핌을 받을 권리가 있어요.

정부는 모든 아동이 안전한 집에서 지낼 수 있도록 해야 해요. 부모가 자녀를 제대로 보살피지 않는 경우 외에는 여러분을 부모님과 떼어놓을 수 없어요. 부모님이 헤어져서 따로 산다면, 여러분에게는 양쪽 부모님과 같이 지내는 시간 같은 걸 결정할 때 참여할 권리가 있어요. 여러분에게 최선의 이익이 될 경우에는 부모님 모두와 계속 연락하며 지낼 수 있도록 도움을 받아야 하고요.

여러분이 친가족과 살 수 없는 경우에는 정부가 여러분을 안전하게 보호하고, 여러분의 문화와 언어, 종교가 입양 가정과 위탁 가정에서 존중받을 수 있도록 조처해야 해요.

여러분이 난민 아동이라면, 어디를 가든 가족과 함께 있을 권리가 있어요.

실제로는 어떨까요?

인간은 200만 년 동안 이동 생활을 해왔어요. 그건 더 나은 삶을 찾거나 위험을 피하기 위해서였어요. 현재 전 세계에는 적어도 1,000만 명이 넘는 **난민 아동**이 있어요. 손을 잡고 늘어서면 런던에서 홍콩 또는 베를린에서 요하네스버그까지 이을 수 있는 숫자예요. 이들은 대부분 전쟁 아니면 홍수 같은 기후 재난 때문에 집을 떠날 수밖에 없던 아이들이에요. 대다수는 부모와 헤어진 상태예요. 만약 여러분에게 이런 일이 생긴다면, 여러분이 다른 나라에서 안전한 장소를 찾을 권리(이걸 '망명'이라고 해요)를 가지고 있다는 사실을 기억하세요. 하지만 난민 캠프는 그다지 안전한 장소가 아닐 때가 많고, 잠시 머무르다 떠나야 해요.

또 살던 집과 거주 지역에서는 쫓겨났지만 자신의 나라에 머무는 **실향 아동**도 1,700만 명 정도 있어요. 생존과 관련한 문제로 집을 떠난 **아동 이주자** 역시 정말 많고요. 2022년 러시아-우크라이나 전쟁이 시작됐을 때는 우크라이나 어린이 수천 명이 납치돼 집과 가족을 빼앗겼어요.

전 세계 수백만 명의 아이들이 부모의 돌봄을 받을 수 없어 위탁 가정이나 위탁 시설에서 생활하고 있어요. 또 거리에서 살거나 일하는 아이들도 많아요. 이 아이들은 모두 평범한 아이들인데도 어려움을 겪고 있어요.

지금까지 말한 내용 중 여러분에게 일어난 일이 있나요? 그렇더라도, 그건 여러분 잘못이 아니에요. 여러분은 여전히 여러분 자신이고, 혼자가 아니라는 사실을 기억하세요. 그리고 당당하게 말하세요. 모든 아동은 안전한 어린 시절을 누릴 권리가 있고, 여러분에게도 다른 모든 아이와 똑같은 아동 권리가 있다고요.

이런 건 아동 권리가 아니에요

운 좋게 미국에 새 보금자리를 마련했다면 기억해둘 게 있어요. 미주리주에서는 우리에 가두지 않은 곰을 차에 태우고 운전하면 불법이에요. (혹시라도 그런 생각을 했을까봐 알려주는 거에요!)

여러분은 무엇을 할 수 있을까요?

≫ 다른 나라에서 살게 된 적이 있나요? 다른 장소나 다른 집에서 는요? 여러분이 특별히 환영받는 기분이 들게 해주거나 더 좋았 던 점이 있었나요? 새로운 나라에 적응하는 데 도움이 될 만한 걸 생각해보고 학교나 공동체에서 다른 사람을 어떻게 환영해주 면 좋을지 방법을 떠올려보세요. 예를 들어 지역 안내 책자를 만 드는 건 어떨까요? 먼저 지도를 그리고, 여러분이 좋아하는 장소 와 즐길 거리를 표시하세요. 그리고 거기에 제목을 달고 사진을 붙여요. 그런 다음 환영 메시지를 쓰는 거예요. 자, 이제 완성이 에요!

책임 전가는 책임을 져야 할 사람 대신 무고한 피해자에게 교묘하게 책임을 돌리는 걸 말해요. 정신을 바짝 차리고 속지 마세요. 정치인이나 신문, 소셜미디어 사용자들이 책임 전가를 많이 한답니다.

발락나마

〈발락나마〉는 인도의 신문으로 '아이들의 목소리'라는 뜻을 담고 있어요. 거리 생활을 경험한 어린이들과 청소년들이 사람들에게 그 현실을 알리기 위해 기사를 쓰지요. 10대도 있지만 그보다 훨씬 어린 아이들도 있어요. 한번은 경찰이 거리의 아이들에게 철로 위 시체를 강제로 치우게 한 일이 〈발락나마〉에 실렸어요. 이 기사를 본 사람들이 거세게 항의했고, 결국 그 경찰에 대한 조치가 이루어졌답니다.

책을 읽다가
마음을 부르르 끓어오르게
만드는 내용이
나오면 '후우' 하고
심호흡을 해봐요.
큰 소리로 숫자를 세는 것도
마음을 가라앉히는
좋은 방법이에요.

라나 므리다

- 걸리 보이(Gully Boy)

"우리가 바라는 건 평등한 세상, 모두를 위한 교육, 이건 너와 나의 권리."

열 살인 라나는 방글라데시 다카의 거리에 살아요. 어느 날 마무드 하산 타비브라는 대학생은 랩을 하고 있는 라나를 보고 눈이 번쩍 뜨였어요. 그렇게 만난 두 사람이 거리의 삶을 노래한 랩을 만들었는데, 소셜미디어에 올린 첫 번째 동영상의 조회 수가 수백만을 기록하면서 입소문을 탔지요. 제목이 '걸리 보이'('길거리 소년'이라는 뜻이에요)인 이 랩에는 이런 가사가 나와요. "학교에 가고 싶고, 하루 세끼 먹고 싶고, 엄마한테 새 옷을 선물하고 싶어." 이때부터 두 사람은 라나의 공연명인 '걸리 보이'라는 이름으로 아동 인권에 대한 랩을 계속 만들고 있어요. 현재 마무드는 라나의 학비를 지원하고 있어요. 라나가 받는 교육은 앞으로 삶에 큰 도움이 될 거예요.

수학책은 왜 슬펐을까요?

문제가 너무 많거든요

법적 문제를 겪는
아동의 보호

여러분은 가혹하거나 유해한 방식으로
처벌받지 않을 권리가 있어요.
공정한 재판을 받을 권리도 있고요.

모든 국가는 아동 권리를 뒷받침하는 원칙들에 근간하는 아동 사법 체계를 갖춰야 합니다. 그리고 아동이 법을 위반했다는 혐의로 기소되면 그 체계를 따라야 해요. 또 공정한 재판을 통해 범죄를 저질렀다는 사실이 입증되지 않는 한 여러분에게 유죄판결을 내려서는 안 돼요. 공정한 재판이란 실제로 일어난 일을 밝히고 문제를 해결하기 위한 법정 절차를 말해요. 재판 과정에서 여러분은 자신의 무죄를 입증하고 자신의 입장을 말할 수 있는 기회를 보장받아야 해요. 판사는 여러분이 하는 말을 주의 깊게 듣고, 여러분의 나이와 여러분에게 필요한 것들을 고려해야 하고요.

여러분은 어른들에게는 없는, 특별한 보호를 받을 권리를 가지고 있어요. 여러분에게는 사생활 보호권이 있고, 언론은 여러분이나 여러분에 관한 어떤 이야기도 공개하지 못해요. 판사가 여러분에게 유죄판결을 내릴 때는 처벌에 초점을 맞추는 게 아니라 여러분이 범죄를 저지른 상황을 극복할 수 있도록 지원해야 해요. (예를 들어 음식을 훔치는 일은 법에 어긋나지만, 이런 행동을 저지르는 어린이의 대부분은 가난하고 배가 고파서 그러는 거예요.) 여러분은 예외적인 상황에서 최후의 수단으로만 감옥에 보내져야 하고, 그런 경우에도 가장 짧은 기간 동안만 머물러야 해요. 또 여러분은 여러분에게 최선의 이익이 되지 않는 한, 어른들과 함께 수감되면 안 돼요. 체벌(매질이나 구타)은 절대 있을 수 없는 일이에요.

실제로는 어떨까요?

말도 마세요. 이 권리는 진짜 제대로 지켜지지 않고 있어요. (이란이나 남수단 같은) 몇몇 나라에서는 아동을 어른들하고 똑같이 처벌하고, 심지어 사형선고도 내려요. 미국을 포함한 몇몇 나라에서는 범죄를 저지를 당시에 열여덟 살 미만이었다면 성인이 될 때까지 기다렸다가 처벌하기도 해요. 참 약삭빠르죠?

> 이제부터 나오는 내용이 좀 이해하기 어렵더라도 걱정하지 마세요. 여러분만 그런 게 아니니까요! 변호사들이 어려운 용어를 즐겨 쓰는 데다 나라마다 법이 달라서 그래요. 엎친 데 덮친 격이요.

89

여러분이 형사 책임 연령 이하라는 말은 너무 어려서 경찰이 범죄 혐의로 기소하거나 법정에 세울 수 없다는 뜻이에요. 기준이 되는 나이는 나라마다 다르지만 유엔아동권리위원회에서는 아동이 부당하게 범죄자 취급을 받지 않도록 최소한 열네 살 이상이어야 한다고 권고하고 있어요. 여러분의 나이가 여러분 국가에서 정한 형사 책임 최소 연령보다는 많지만 열여덟 살 미만이라면, 범죄 혐의로 기소될 수는 있어도 아동 사법제도에 따라 사건을 더욱 신중하게 다뤄야 해요. 어떤 아동도 성인과 같은 방식으로 재판을 받으면 안 돼요.

전 세계적으로 매년 140만 명가량의 아동이 자유를 박탈당하는데, 이 말은 심각한 범죄를 저질러 유죄판결을 받은 게 아닌데도 감옥(이나 비슷한 시설)에 갇혀 있다는 걸 의미해요. 그리고 약 33만 명의 아동이 더 나은 삶이나 안전한 장소를 찾아 고향을 떠난 이주민 혹은 난민이라는 이유로 '이주민 구금 시설'이라고 하는 끔찍한 장소에 갇혀 지내요.

체벌은 아동의 신체와 감정에 해롭기 때문에 일어나서는

코끼리가 냉장고에 있었다는 걸 어떻게 알까요?

버터에 난 코끼리 발자국으로요!

전 세계 형사 책임 최저 연령

앙골라, 아르헨티나, 모잠비크	**16세**	← 좋아요!
핀란드, 아이슬란드, 스웨덴	**15세**	← 괜찮아요!
콜롬비아, 러시아, 르완다	**14세**	← 괜찮아요!
잉글랜드, 웨일스, 호주, 뉴질랜드	**10세**	← 우우!
이란	**소녀는 만 9세, 소년은 만 15세**	← 왜 성별에 따라 다른 거죠?
카타르, 태국	**7세**	← 우우!
미국	**주에 따라 6세에서 10세까지 다양해요**	← 헉!!
나이지리아	**최저 연령이 없어요**	← 뭐라고요?!

안 돼요. 체벌이 허용되는 경우가 점점 줄고 있어 현재 (학교와 가정에서) 완전히 금지된 나라도 60개국이 넘어요. 그런데 나쁜 소식은 그 정도로는 전 세계 아동의 14퍼센트밖에 대상이 되지 못한다는 점이에요. (스칸디나비아에 있는 모든 나라와 남아메리카의 대부분 나라를 포함한) 일부 국가는 체벌을 완전히 금지했어요. (중국, 인도네시아, 나미비아를 포함한) 일부 국가는 한 단계 뒤처져 있지만 완전히 금지하겠다고 약속했고요. (잉글랜드와 북아일랜드 등의) 일부 국가는 두 단계 뒤처진 상태로, 학교에서는 금지되어 있지만 가정과 보육 시설에서는 허용되고

있어요. 그리고 (사우디아라비아, 파키스탄, 나이지리아 같은) 몇몇 나라에서는 완전히 허용되고 있어요. 어쩌면 이런 나라들은 호통치거나 때리는 일 없이 이야기를 통해 자녀들에게 가치와 존중하는 태도를 가르치는 북극의 이누이트 가족들에게서 교훈을 얻어야 할 것 같아요.

이런 건 아동 권리가 아니에요

중세 유럽에서는 쥐나 곤충 같은 작은 동물들이 곡물을 망치거나 교회를 훼손하면 '범죄' 행위로 교회 법정에 끌려갈 수 있었어요. 어떤 처벌을 받았을까요? 보통은 교회 출입 금지였대요. 흠.

여러분은 무엇을 할 수 있을까요?

≫ 2018년, 수천 명의 어린이와 청소년이 미국과 멕시코의 접경 지역에서 우리(맞아요, 제대로 읽었어요. '우리'요!)에 갇혀 지내는 친구들에게 카드와 연대의 메시지를 보냈어요. 그 아이들 대부분은 폭력으로부터 정부의 보호를 받지 못하는 중앙아메리카에서 탈출했는데, 미국 정부는 이 아이들을 받아들이려고 하지 않았어요. 연대의 메시지는 그 아이들에게 우리가 잊지 않았다는 걸 알려준 동시에, 대중의 인식을 높이는 데에도 큰 도움이 됐어요.

≫ 이런 지지가 필요한 아이들 얘기를 들을 경우 여러분과 친구들도 이런 행동에 나설 수 있어요. 해마다 국제앰네스티가 주관하는 편지쓰기 캠페인을 확인해보세요(170쪽을 참고하세요).

두주안 후산

"어른들은 아이들 말을
잘 듣지 않아요.
특히 저 같은 아이의 말을요.
하지만 우리도 중요한
할 말이 있어요."

두주안은 호주의 아렌테와 가라와 부족 출신 선주민 소년이
에요. 그는 3개의 언어를 말할 수 있고, 부족 내에서 치료사라
는 중요한 역할을 맡고 있지요. 하지만 전 세계의 다른 선주민
아이들이 겪고 있듯이, 그의 부족 문화 역시 그가 사는 나라의
교육 시스템에서 존중받지 못해요. 학교에서는 그들의 역사를
가르치지 않고, 그가 가진 기술을 가치 있게 평가하지도 않아
요. 두주안은 이런 현실이 지루하고 답답해서 학교를 몇 차례
빠졌어요. 그 결과 학교에서 쫓겨나고 심지어 감옥에 갈 위기
에 처하기도 했지요. 호주에서는 (아동 권리에는 어긋나지만) 열
살만 돼도 감옥에 갈 수 있는데, 선주민이라면 이런 처벌을 받
을 가능성이 훨씬 커져요. 열두 살 때, 두주안은 지구 반 바퀴
를 돌아 스위스로 날아가 유엔 회의에서 호주의 형사 책임 연

령을 열 살에서 열네 살로 올려야 한다고 연설했어요. 두주안의 이야기는 〈내 핏 속에 흐른다〉라는 다큐멘터리로 만들어졌답니다. 두주안은 호주가 선주민 아동과 선주민 공동체의 필요와 권리에 관심을 기울이도록 돕고 있어요.

가벼운 경고의 말

다음에 나오는 다섯 가지 권리는 여러분을 무서운 행동으로부터 보호하기 위한 권리예요. 협약에는 여러분에게 심각한 문제가 생긴 경우, 여러분은 회복을 위해 전문가의 도움을 받을 권리가 있다고 나와요. 직접 겪은 일이든 아니든, 그런 상황을 생각하는 것만으로 힘들 수 있어요. 필요하다면 134쪽으로 넘어갔다가 마음의 준비가 됐을 때 다시 돌아오거나, 어른에게 같이 읽어달라고 부탁해보세요. 어느 페이지에서든 마음을 힘들게 하는 내용이 나오면 그렇게 해보세요.

유해한 것으로부터의
보호

여러분은 유해한 것으로부터
보호받을 권리가 있어요.
그 누구도 여러분을 잔인하게 대하거나
위험한 일을 하라고 강요할 수 없어요.

이 권리는 여러분을 지키고, 누구도 여러분을 해롭게 하거나
이용하지 못하게 하는 권리예요.

실제로는 어떨까요?

안타깝게도 세계 곳곳에서 온갖 해악이 벌어지고 있어요. 그
중에서 몇 가지를 이야기해볼게요.

　　고문은 힘이 더 센 사람이 약한 사람에게 일부러 신체나
정신에 심각한 상처를 입히는 걸 말해요. 나쁜 행동이고, 법
에도 어긋나지요. 일부 기관에서는 사람들을 처벌하거나 겁
을 주거나 정보를 알아내려고 고문을 하기도 해요(고문은 아무
리 좋게 말하려고 해도 신뢰할 수 없는 방법이에요). 고문에 가까운
(하지만 완전히 고문은 아닌) 행위 역시 **잔인하고, 비인간적이며,**

굴욕적인 대우예요. 이것도 금지돼 있어요.

아동 학대는 일반적으로 여러분을 돌봐야 할 어른이 여러분을 신체적, 정신적, 정서적 또는 성적으로 아프게 하는 걸 의미해요. 만약 여러분에게 이런 일이 생기면, 상처를 준 사람이 뭐라고 말하든 절대 여러분 잘못이 아니라는 걸 기억하세요. 비밀로 하지 마세요. 믿을 수 있는 어른을 찾아 얘기하세요. 그 어른이 도울 수 없다면, 다른 사람을 찾으세요. 여러분에게는 상처받지 않을 권리가 있어요. 여러분에게는 의견을 존중받을 권리가 있어요. 그리고 여러분에게는 회복을 위해 도움을 받을 권리가 있어요.

조언은 192페이지를 참조하세요!

아동노동은 아이들이 강제로 일하는 걸 말해요. 최악의 몇몇 노동은 신체적으로나 정신적으로 해로워요. 여러분이 원해서 (그리고 집에 돈이 필요해서) 일을 하는 건 괜찮지만, 그 일이 여러분에게 유해하거나 여러분이 성장하고, 놀고, 학교 가는 데 방해가 되어서는 안 돼요.

강제 노동은 처벌의 위협 때문에 일에서 벗어날 수 없는 걸 말해요. **아동 노예제**의 일종인데 전 세계에는 약 1,000만 명의 아동 노예가 있어요. 아동 노예는 돈벌이 수단으로 아이들을 납치하는 아동 인신매매범들에 이끌려 여러 일터를 전전하기도 해요. 법적 신분(60쪽을 보세요)이 제대로 구비되어 있지 않거나 안전하게 머물 장소(81쪽을 보세요)가 없는 아이들이 가장 취약하지만, 이런 일은 누구에게나 일어날 수 있어요. 인신매매범은 여러분이 알고 신뢰하는 사람일 수도 있어요. 이들은 막대한 돈을 벌지만, 납치된 아이들과 그 가족들은 엄청난 고통과 슬픔을 겪어요.

이런 건 아동 권리가 아니에요

미국 플로리다주(그 유명한 '방귀 금지법'이 있는 곳이에요)에서는 코끼리나 염소, 악어를 주차 미터기에 묶어놓고 주차요금을 내지 않으면 위법이에요.

케즈 발데스

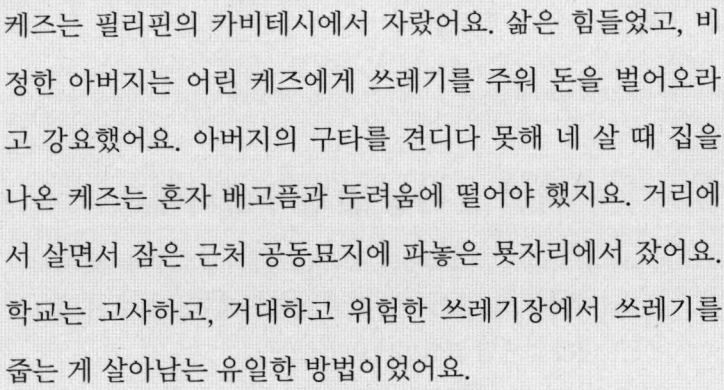

"우리가 서로를 돕고 서로를 보살피면
세상을 바꿀 수 있어요.
그리고 그 변화는
한 사람으로부터 시작되지요."

케즈는 필리핀의 카비테시에서 자랐어요. 삶은 힘들었고, 비정한 아버지는 어린 케즈에게 쓰레기를 주워 돈을 벌어오라고 강요했어요. 아버지의 구타를 견디다 못해 네 살 때 집을 나온 케즈는 혼자 배고픔과 두려움에 떨어야 했지요. 거리에서 살면서 잠은 근처 공동묘지에 파놓은 묫자리에서 잤어요. 학교는 고사하고, 거대하고 위험한 쓰레기장에서 쓰레기를 줍는 게 살아남는 유일한 방법이었어요.

어느 날 케즈는 불타고 있는 타이어 더미로 떨어져 심하게 다쳤어요. 다행히 담당 사회복지사가 그를 병원에 데려갔고, 보호자가 되어주었어요. 비로소 케즈는 안전하고 사랑받는다는 느낌을 알게 됐어요. 먹을 음식은 충분했고, 학교에도 갈 수 있었지요. 일곱 살 생일에는 태어나서 처음으로 '축하'라는 걸 받았어요. 하지만 그는 자신이 받은 선물을 거리에서 생활

하는 취약한 아이들에게 나눠주고, 이걸 '희망의 선물'이라고 불렀습니다.

'희망의 선물' 프로젝트에 동참하는 아이들이 점점 늘어나면서 활동 규모는 더욱 커져 장난감, 신발, 칫솔 같은 선물을 나눠주기 시작했어요. 이를 바탕으로 케즈는 2006년 '챔피어닝 커뮤니티 칠드런'이라는 단체를 설립했어요. 이 단체는 지금도 희망의 선물을 나눠주는 건 물론이고, 아이들에게 아동 권리를 알리고, 청결을 유지하는 법, 양치질하는 법, 상처를 관리하는 법 등도 가르치고 있어요. 또 아이들이 서로를 가르치고 배울 수 있도록 훈련해 지식과 희망, 연대가 널리 퍼지도록 노력하고 있어요. 케즈가 열세 살이 될 때까지 도운 거리의 아이들이 1만 명이 넘어요. 그는 그 공로를 인정받아 2012년 국제어린이평화상을 수상했어요.

무기와 전쟁으로부터의 보호

여러분은 무기가 동원된
폭력으로부터 보호받을 권리가 있어요.
누구도 여러분에게 전투에 참여하라고
강요할 수 없어요.

모든 어린이는 전쟁 중에 보호받아야 할 뿐 아니라, 무기가 동원된 싸움(이걸 '무력 분쟁'이라고도 불러요)으로부터 보호받아야 해요. 여러분은 어떤 경우라도 소년병으로 징집되면 안 돼요.

실제로는 어떨까요?

무기를 들고 싸우는 일은 항상 있어왔고, 아이들도 늘 그 싸움에 휘말려왔지만, 그렇다고 그게 옳은 일인 건 아니에요. 모든 전쟁은 아이들에게 상처를 줍니다. 옛날에는 새총과 돌멩이 아니면 활과 화살을 들고 싸웠지만, 지금은 총과 폭탄으로 싸우고 그로 인해 다치는 사람도 훨씬 많아졌어요. 오늘날 전 세계 아동의 약 5분의 1이 무력 분쟁 지역에 살고 있어요. 매일 평균 20명의 아동이 무기를 사용한 폭력 때문에 죽거나 불구가 되고, 300명의 아기가 기아나 질병 같은 무력 분쟁의 또 다른 영향으로 목숨을 잃어요. 2022년 러시아가 우크라이나를 상대로 전쟁을 일으킨 이후 매일 4명이 넘는 아동이 목숨을 잃었습니다. 집과 유치원, 학교가 파괴되고 수백만 명의 사람들이 피난을 떠나야 했지요. 2023년 10월에는 팔레스타인 무장 단체가 이스라엘 어린이 수십 명을 살해하거나 납치했어요. 이후 6개월 동안 이스라엘군은 팔레스타인 가자지구에서 1만 4,500명의 어린이를 살해하고, 수천 명의 어린이를 다치게 하고 굶주리게 했지요.

모든 국가의 정부는 국민을 안전하게 지킬 책임이 있고, 그래서 군대와 경찰은 무기를 사용하는 것이 허용돼요. 그러나 한편으로 정부는 무기를 사거나 파는 사람 모두가 그 무기를 신중하게 다루도록 단속해야 해요. 불행하게도 그게 항상 잘되는 건 아니에요.

꼭 전쟁이 아니어도, 정부의 관리가 소홀해 사람들이 무기를 아주 쉽게 구할 수 있으면 총기 폭력이 일어날 수 있어요. 이건 정말 위험한 일이고 심각한 결과를 초래해요. 전 세계적으로는 매일 500명이 넘는 사람이 총기 폭력으로 목숨을 잃어요. 미국에서는 규제가 엄격하지 않아 사실상 성인이면 누구나 무기를 소지할 수 있어요. 실제로 미국의 전체 주 가운

데 총기를 안전하게 보관하도록 규정한 법이 있는 곳은 절반
도 되지 않아요. 믿을 수 있어요? 해마다 1,400명이 넘는 미
국 아동이 총기 폭력으로 목숨을 잃는다고 해요.

매일 평균 약 4명의 아동이
목숨을 잃는 거예요. 여러분은
이런 현실 앞에서 미국 정부가
어떻게 해야 한다고 생각하나요?

전 세계에는 약 30만 명의 소년병이 있고, 그중에는 열 살
밖에 안 된 아이들도 있어요. 이건 바베이도스 전체 인구보다
많은 수라고요! 무장 단체나 군대의 강압 때문에 어쩔 수 없
이 싸우는 아이들도 있고, 가족이 죽거나 뿔뿔이 흩어져 먹을
것과 입을 것, 살 곳이 절실해 합류하는 아이들도 있어요. 어
떤 경우든 이 아이들은 끔찍한 시간을 보내는 거예요. 소년병
이었던 사람들에게는 특별한 상담과 지원이 제공돼야 하지
만, 그런 기회가 주어지는 경우는 드물어요.

케이틀린 곤잘레스

"목소리는
최대한 적극적으로 내되,
보통의 아이로
평범하게 지내요."

2022년 5월 24일, 미국 텍사스주 유밸디에 사는 열 살 소녀 케이틀린 곤잘레스는 평소와 다름없이 롭 초등학교로 등교했어요. 하지만 그날 한 총격범이 학교에 난입해 학생 19명과 선생님 2명을 살해하고 수많은 부상자를 내면서 모든 게 달라졌어요. 이날 목숨을 잃은 학생 중에는 케이틀린의 절친한 친구 재키와 엘리아나도 있었어요. 사람들은 죽을지도 모른다는 두려움에 떨며 숨어 있어야 했어요.

케이틀린이 이 사건을 극복하려고 애쓰는 동안 제일 간절하게 원했던 건 평범한 어린 시절을 보내는 거였어요. 하지만 그녀는 변화를 이끌어내기 위해 행동하기로 마음먹었어요. 미국에서 총기 폭력으로 목숨을 잃은 사람이 수천 명에 달했기 때문이에요. 그녀는 다른 사람들이 자신과 같은 고통을 겪는 걸 막기 위해 할 수 있는 모든 걸 하고 싶었어요. 그래서 국회의원들에게 친구들 목숨을 앗아간 자동소총의 판매와 소지를 금지해달라고 청원하고 있어요. 이런 무기는 전쟁에 쓰이는 물건이지 교실이나 상점, 가정에 있어야 할 물건이 아니라고 외치면서요.

케이틀린은 정치인들과 캠페인을 벌이고, 미국 상원의원들을 만나고, 연설을 하고, TV 인터뷰를 하고, 미국 정부의 심장부인 국회의사당에서 목소리를 냈어요. 그리고 자신이 다니는 학교 이사회에 참석해 그 지역의 경찰 서장은 경찰이 아이들과 교사들을 지켜주지 못한 책임을 지고 자리에서 물러나야 한다고 말했어요. 경찰 서장은 사임했지만, 자동소총 금지 캠페인은 여전히 진행되고 있어요. 모두가 총기 폭력으로부터 자유롭고 안전하게 살 수 있도록 말이죠.

이런 건 아동 권리가 아니에요

런던의 영국 의회 건물에는 갑옷을 입고 들어갈 수 없어요. 엄격하게 법으로 금지돼 있거든요. 이 법은 1313년에 제정 됐는데, 믿기지 않는다면 직접 확인해보세요.

내 몸의 주인은
바로 나

여러분은 자기 몸에
일어나는 일을
스스로 결정할
권리가 있어요.

여러분은 여러분의 몸을 통해 즐거움을 누릴 수 있어요. 그 누구도 여러분의 동의 없이 여러분 몸에 무언가를 할 수 없어요. 누구에게나 은밀한 부위(성기)가 있고, 그건 전혀 부끄러워할 게 아니에요. 그 부위는 아주 사적이라 다른 사람은 누구도 만져서는 안 돼요. 여러분이 너무 어려서 씻는 데 도움이 필요하거나 아파서 의사나 간호사가 확인해야 할 때는 예외이지만, 이 경우에도 여러분 본인이나 부모님 혹은 보호자에게 허락을 구해야 해요.

이 권리에서는 조혼과 흔히 '성기 절단'이라고 부르는 여성 할례(Female Genital Mutilation)도 금지하고 있어요.

실제로는 어떨까요?

법이 제대로 작동하지 않고 있어요. 해마다 최소 1,200만 명의 어린이에 불과한 소녀들이 결혼을 강요받고, 대개는 자신보다 나이가 훨씬 많은 남성과 강제로 결혼을 해요. 많은 소녀가 학교를 그만두고 아주 어린 나이에 임신하는 경우가 많은데, 이건 건강에 큰 위험이 될 수 있어요.

할례 또는 성기 절단은 의도적으로 소녀의 성기에 상처를 내거나 일부를 절단해 그 부위에서 쾌락을 느끼지 못하게 하는 걸 말해요. (여자아이는 남자아이와 평등하지 않다는 잘못된 신념에서 비롯되었다는 걸 눈치챘나요?) 할례는 보통 네 살에서 여덟 살 사이에 하는데, 소녀의 어머니나 이모, 언니들도 어릴 때 같은 경험을 해요. 이건 아주 위험해서 건강 문제를 일으킬 수도 있고, 심하면 죽음에 이를 수도 있어요. 혹시 여러분에게 이런 일이 일어날까봐 두렵거나 이미 일어났다면, 선생님 등 여러분이 신뢰할 만한 어른에게 말하고 도움을 청하세요. 부끄러워하지 마세요. 여러분 잘못이 아니니까요.

해마다 약 1억 5,000만 명의 소녀와 7,300만 명의 소년이 성적 학대를 당해요. 가해자들은 자신이 법을 위반하고 있다는 사실을 알고 있기 때문에 피해 아동이 이 일을 비밀로 하게 하려고 애를 씁니다. 또 피해자가 부끄러워서 다른 사람에게 말하지 못할 거라는 점을 이용하기도 해요. 기억하세요. 만약에 여러분에게 이런 일이 생기면, 그건 **절대** 여러분 잘못이 아니에요. 부끄러워하지 마세요. 192쪽에 나오는 콤 오골먼의 조언을 읽어보세요.

성적 학대는 누군가가 여러분의 은밀한 부위를 만지거나 사진을 찍거나 여러분에게 그 부위를 만지라고 강요하는 걸 말해요. 누군가가 직접 또는 온라인에서 자신의 은밀한 부위를 보여주려고 하거나 여러분에게 보여달라고 하는 것도 성적 학대에 해당해요. 아무리 가족이나 친구라고 해도, 아무리 그 사람이 여러분은 특별하다고 말해도, 이런 일은 결코 용납될 수 없어요. 그 누구도 여러분에게 이런 행위를 할 권리가 없어요. 이런 일을 요구받으면 최대한 큰 소리로 안 된다고 소리치세요. 그 사람이 아무리 비밀이라고 말해도, 비밀로 남겨두면 안 돼요. 믿을 수 있는 어른에게 말하세요. 그 사람이 어떻게 해야 할지 잘 모르면, 다른 사람에게 말하세요.

문제는 많은 사람이 은밀한 부위에 관해 이야기하는 걸 부끄러워한다는 거예요. 부끄러워하지 마세요. 비밀로 하지 마세요. 무슨 일이 있었는지 정확히 말해주세요. 문제가 생길까봐 걱정하지 마세요. 정말로 여러분 잘못이 아니에요.

이런 건 아동 권리가 아니에요

폴란드의 투션이라는 도시의 시의회는 곰돌이 푸가 바지를 입지 않았다는 이유로 지역 놀이터 마스코트로 사용할 수 없게 하려고 했어요. (품, 웃어서 미안해요.)

✳️

은밀한 부위를 가리키는 정확한 용어를 알고 있으면 아주 유용해요. 여자 어린이에게는 음순(바깥 부분)과 질(안쪽 부분)이 있고, 남자 어린이에게는 음경과 고환('불알'이라고도 해요)이 있어요. 여자 어린이에게는 가슴이 있고, 엉덩이는 남녀 모두에게 있지요. 트렌스젠더이거나 논바이너리라면, 여러분에게 가장 적합하고 편하게 사용할 수 있는 단어를 사용하면 돼요.

아이샤 살레

"너무 어린 나이에 강제로
아내가 되고 엄마가 돼서 꿈을
이룰 수 없었던 어린 친구들을
돕기 위해 조금 더 일찍
목소리 내는 법을 알았더라면 좋았을 텐데 아쉬워요. 하지만 지
금이라도 목소리를 낼 수 있어서 기뻐요. 조혼을 조장하는 꿈 파
괴자들에 맞서서 전 세계가 한목소리를 낼 수 있으면 좋겠어요.
아무리 어려도 내일이 아닌 지금 당장 조혼에 반대하는 목소리
를 내주세요. 아이들은 아이들로 지낼 수 있어야 해요."

아이샤 살레는 나이지리아 소녀예요. 일곱 살 때 어머니가 돌
아가셔서, 그녀와 남동생은 라고스시에 있는 몽키 빌리지라
는 빈민가에서 할머니와 함께 살았어요. 아이샤는 학교를 좋
아했고 교육을 받으면 훨씬 더 나은 삶의 기회를 얻을 수 있
다는 걸 알았지만, 그 동네에 사는 대부분의 여자아이들이 너
무 가난해서 학교에 다니지 않는다는 사실도 알았어요. 소녀
들의 부모들은 그 점을 이해하지 못했고, 오히려 어떤 부모
는 경제적 부담을 줄이기 위해 어린 딸을 결혼시키려고 했어

요. 아이샤는 열한 살 때 이 문제에 관한 캠페인을 시작했어요. 딸을 둔 부모들을 만나 교육이 딸의 삶에 얼마나 큰 변화를 가져올 수 있는지 설명했어요. 그녀의 노력은 큰 성공을 거두어, 이제 그녀가 사는 지역사회의 거의 모든 소녀가 학교에 다니고 있답니다.

스타 페미닌 밴드

"우리는 말하지. 안 돼! 아이들에게 폭력은 안 돼! 아동 강제노동은 안 돼! 아동 착취는 안돼!"

스타 페미닌 밴드는 서아프리카 베냉의 외딴 마을인 나티팅구 출신의 일곱 소녀로 이루어진 밴드예요. 열 살에서 열일곱 살 사이의 소녀들이 처음으로 음악 워크숍에 참여하고 나서 결성했는데, 이들 중 누구도 악기를 연주해본 적이 없었어요. 지금은 안젤리크 발라구에몽이 드럼을, 줄리엔 사예가 베이스, 마린 발라구에몽이 키보드, 앤 사예가 전자기타, 산드린 우예가 탐탐, 그리고 도카스 음포가 타악기를 맡고 있지요. 노래는 다 같이 부르고요.

소녀들은 한 멤버 아버지의 도움을 받았는데, 그는 아동 권리에 관심이 많은 전문 음악인이었어요. 이들은 베냉의 여자아이들과 여성에게 모두 영향을 미치는 (할례 같은) 금기시된 주제에 관해 노래하기로 했어요. 이들의 음악은 귀에도 쏙쏙 들어오고 춤을 추기에도 안성맞춤이에요. 심지어 영어, 프랑스어, 와마어, 디탐마리어, 바리바어, 풀풀데어, 요루바어, 폰어 등 8개 언어로 불러서 노래에 담긴 강력한 메시지를 널리 퍼트리고 있답니다. 이 밴드의 노래는 인기도 좋지만 듣는 사람에게 왜 아직도 어린이들에게 학대가 계속되는지 생각할 거리를 던져줘요.

"아프리카여, 나의 아프리카여, 이제는 여자들을 그만 망쳐요." 그들은 자신이 가진 표현할 권리를 이용해 힘차고 자랑스럽게 노래해요. 수많은 아동 권리를 옹호하기 위해.

사생활 보호(프라이버시)

여러분은 사생활을
보호받을 권리가 있어요.
온라인을 포함해, 그 누구도
여러분을 감시하거나 괴롭히거나
여러분에 대한 거짓말을 퍼트려서는 안 돼요.

이 권리는 여러분의 개인 생활을 보호하고, 여러분이 안전하게 지내는 데 필요해요. 또 여러분이 누군가의 간섭이나 감시 없이 원하는 대로 살 수 있어야 한다고 말해요. 누군가가 창문 너머로 여러분을 몰래 훔쳐보는 걸 바라지는 않지요? 온라인에서도 마찬가지예요. 또한 누구도 자기 이익을 위해 여러분의 개인 정보를 수집하거나 사용할 수 없어요.

이 장의 내용은 아주 길어요. 여러분의 사생활 보호가 다른 많은 권리도 보호하기 때문이에요.

실제로는 어떨까요?

이번 얘기는 흥미로워요. 아동 권리
는 다른 곳에서와 마찬가지로 온라인

하마가 나무에 숨는 걸
왜 한 번도 못 봤을까요?

숨기 대장이거든요.

에서도 똑같이 적용되지만, 각국 정부는 온라인에서의 사생활 보호를 제대로 관리하지 못하고 있어요. 아마 온라인이라는 공간이 일반적인 국경의 개념을 넘어서기 때문일 거예요.

2025년 무렵까지 인터넷에 연결된 기기는 약 300억 개에 달할 것으로 예상되는데, 이건 전 세계 인구의 거의 4배에 가까운 숫자예요! 스마트폰과 태블릿 등은 재미있고 유익한 정보를 얻을 수 있는 데다 사람들과 소통하는 멋진 수단이에요. 그래서 더더욱 안전하고 건강한 공간이 되어야 해요. 하지만 안타깝게도 그렇지 않을 때가 많아서 각별한 주의를 기울여야 해요!

온라인에서 여러분의 권리를 지키는 방법

미래의 자신 돌보기

여러분이 온라인에 공유한 사진과 메시지는 아주 오랫동안 인터넷에 떠돌아다닐 수 있어요. 나중에 후회할 만한 무언가를 공개적으로 게시하면 나중에 맺게 될 우정에 상처를 줄 수도 있고요. 어른이 되었을 때 고용주가 온라인에서 여러분 이름을 검색해서 나온 정보가 마음에 들지 않으면 일자리를 구하기 힘들 수도 있어요.

꿀팁 ●○○

나중에 사람들이 여러분의 과거 행동이나 말로 여러분을 판단하지 않도록 게시물은 신중하게 작성하세요. 지금까지 후회하는 과거의 일들이 사이버 공간에 떠돌아다니지 않는다면 새로운 여러분으로 성장하는 게 훨씬 쉬울 거예요.

꿀팁 ●○○

의심스러운 링크나 첨부 파일을 클릭하기 전에 주의를 기울이고 충분히 알아보세요. 급하게 무언가를 하라는 예상치 못한 메시지를 받으면 (심지어 안 하면 나쁜 일이 생긴다고 겁을 주기도 해요) 한 번 더 생각해보고, 확실하지 않다면 믿을 만한 어른에게 물어보세요. 맞춤법 오류나 어색한 단어 조합이 있다면 조심해야 해요. 추가적인 보안 인증을 사용해 계정을 보호할 수도 있어요.

사이버 공격 경계하기

'피싱'같이 개인정보를 노린 사이버 공격에 주의하세요. 피싱이란 사이버 범죄자가 신뢰할 만한 사람인 것처럼 가장해 가짜 이메일이나 문자 또는 소셜 미디어 메시지를 보내 정보를 '낚아채는' 수법을 말해요.

나를 감시하게 어렵게 만들기

일부 온라인 기업들은 여러분의 개인정보―이웃을 맺고 있는 친구들, 쇼핑과 게임 선호도, 심지어 (지문이나 음성 인식 같은) 생체 정보―를 훔치기 위해 여러분을 감시해요. 마치 휴대전화에 스파이가 숨어 사는 것과 비슷한데, 이런 일이 발생하는 이유는 기업이 여러분에게 상품을 파는 데 여러분의 개인정보가 도움이 되기 때문이에요. 기업들은 여러분의 정보를 원하고, 여러분이 투표권을 갖게 되었을 때 특정 방식으로 투표하도록 여러분을 설득하려는 단체에 그 정보를 팔기도 해요.

꿀팁 ●○○

소셜미디어에서 개인정보 설정을 바꾸면 여러분의 게시물을 보는 사람을 관리할 수 있어요.

꿀팁 ●○○

개인정보는 가능한 한 적게 공개하세요. 많은 앱과 웹사이트에서 여러분의 (연락처, 사진, 메시지 같은) 정보 사용 권한을 요청하니, 개인정보를 보호하는 서비스와 설정을 선택하세요. 휴대전화와 노트북 카메라를 사용하지 않을 때는 덮개를 덮어놓는 게 좋아요.

알고리즘 속이기

알고리즘은 컴퓨터 명령어예요. 소셜미디어 회사는 알고리즘을 사용해 여러분이 무엇을, 어떤 순서로, 얼마나 자주, 얼마나 오래 볼지 결정해요. 또 어떤 걸 보지 않을지도 결정하고요. 소위 '추천' 시스템은 너무 많은 권한을 가지고 있어서, 사용자가 온라인에서 스스로 선택한다고 생각하지만 실제로는 그렇지 않은 경우가 많아요. 이게 많은 문제를 불러와요.

그중 하나는 행복한 콘텐츠보다 우울한 콘텐츠가 더 많이 공유된다는 점이에요. 우울한 콘텐츠는 여러분의 마음을 어둡게 만들고 슬픈 기분을 더 슬프게 만들 수 있어요. 어떤 아이들은 온라인에서 본 콘텐츠의 영향으로 자해를 하거나 스스로 목숨을 끊기도 해요.

시간 가는 줄 모르고 콘텐츠에 푹 빠져 있게 만드는 알고리즘이 가진 또 하나의 문제는 편향된 사고와 주장을 부추길 수 있다는 거예요.

꿀팁 ●○○

슬프거나 화가 난 감정을 낯선 사람들과 공유하지 마세요. 그런 뒤에 알고리즘이 여러분에게 제시하는 콘텐츠가 오히려 감정을 더 부정적으로 만들 수 있어요. 감정적으로 어려움을 겪고 있다면 믿을 만한 어른이나 도움을 줄 수 있는 지원 단체들 중 한 곳에 이야기를 털어놓으세요.

꿀팁 ●●○

피드 정렬을 바꾸세요. 가능하면 추천 기능을 끄세요. 추천하는 내용을 무조건 클릭하지 말고 안전한 검색을 통해 다른 콘텐츠를 찾아보세요.

사이버 괴롭힘 피하기

사이버 괴롭힘은 온라인에서 가해지는 괴롭힘을 말해요. 농담을 가장했더라도 잔인한 일이지요. 사람들은 때로 끔찍한 메시지나 사적인 사진, 심지어 알몸 사진도 사진 찍힌 사람의 동의 없이 공유해요(이건 불법이에요).

개인정보는 비공개로 유지해야 해요. 그러니까 게시하기 전에 신중하게 생각하세요.

♡   ⇄   ♡   ↑

사진과 메시지를 누구와 공유할지는 신중하게 결정해야 해요. 한번 공유하고 나면 통제하기가 힘들어요.

♡   ⇄   ♡   ↑

다른 사람들의 권리도 존중해주세요. 다른 사람의 사진을 그 사람 동의 없이 공유하면 안돼요. 그 사람의 정신 건강에 심각한 피해를 줄 수 있어요.

♡   ⇄   ♡   ↑

사진에 나온 사람들에게 온라인에 사진을 올려도 괜찮은지 꼭 물어보세요. 사진을 올리고 싶지 않은 나름의 이유가 있을 수도 있어요.

♡   ⇄   ♡   ↑

사이버 괴롭힘 차단 및 신고하기

사이버 괴롭힘 가해자들은 온라인에서 사람들 평판을 훼손하고 재미로 싸움을 부추겨요. 보통은 자신의 진짜 신분을 속이지만 관심을 끌거나 돈을 벌기 위해 실명을 사용하기도 해요. 기억하세요. 사이버 괴롭힘 가해자들은 여러분의 마음이 분노와 증오로 가득 찰 때까지 여러분의 생각을 왜곡시키려고 한다는 걸요. 속지 마세요.

 공격적이거나 증오로 가득 찬 메시지를 받으면 잠시 멈추고 생각하세요. 누구도 여러분을 그렇게 대할 수 없어요.

 그 가해자를 소셜미디어 플랫폼에 신고하세요. 누군가가 여러분을 표적으로 삼으면 신고하고 차단한 다음 믿을 만한 어른에게 도움을 요청하세요.

 소셜미디어 피드 관리하는 법을 배우세요. 생각보다 많은 걸 통제할 수 있어요.

 다른 사람들을 위해 목소리를 내세요. 여러분의 연대가 그 사람들의 감정에 큰 울림을 줄 수 있어요.

 코끼리와 컴퓨터의 공통점은 뭘까요?

둘 다 저장 공간이 많아요!

그루밍에 주의하세요

그루밍이란 자기를 위해 다른 사람이 나쁜 일을 하도록 영향을 미치는 걸 말해요. 그루밍 가해자들은 아동(과 성인)을 표적으로 삼아 거짓으로 신뢰감을 형성하고 여러분을 가족과 친구들한테서 멀어지게 만들어요. 그들은 힘을 행사하고, 여러분을 위하는 척하거나 말로는 돕고 싶다고 하지만 사실은 그렇지 않아요. 그루밍은 종종 온라인 성적 학대로 이어지기도 해요. 여러분은 자신이 그루밍당하고 있다는 사실을 깨닫지 못할 수도 있어요. 아이들을 표적으로 삼아 그루밍하는 사람들은 거짓말과 위선의 대가들이거든요. 그들은 여러분과 같은 또래인 척하기도 하고, 여러분보다 훨씬 나이가 많을 때는 가짜 사진을 사용하기도 해요. 그루밍으로 여러분의 신뢰를 얻은 다음 직접 또는 온라인상에서 여러분에게 해를 끼쳐요. 여러분을 아껴서 그러는 거라고 말하지만, 그건 거짓말이에요.

122

꿀팁

온라인에서는 실명, 주소, 전화번호, 학교를 절대 공유하지 마세요. 악의적인 사람들이 그런 정보들을 사용해 여러분을 추적할 수 있어요. 여기에는 여러분의 집, 동·호수, 학교 등이 찍힌 사진도 포함돼요.

꿀팁

알몸 사진을 공유하지 마세요. 그루밍 범죄의 대상이 될 수 있어요.

꿀팁

나쁜 일이 일어났거나 그런 상황이 의심된다면 더 나빠지기 전에 가능한 한 빨리 믿을 수 있는 어른에게 이야기하세요.

꿀팁

누군가에게 속아서 사진을 보냈는데 그 사람에게 협박당하고 있다면, 어른에게 이야기하세요. 그리고 기억하세요. 그건 여러분 잘못이 아니에요.

여러분은 무엇을 할 수 있을까요?

≫ 할 수 있는 걸 다 해도 여러분의 개인정보를 보호할 장치가 충분하지 않은 경우가 있어요. 기술 기업들은 온라인에서 어린이와 청소년을 안전하게 보호하기 위해 더 많은 노력을 기울여야 하고, 정부 역시 이를 위해 노력해야 해요. 여러분은 기업과 정부가 더 노력하도록 압력을 행사하는 캠페인을 시작하거나 그런 행사에 참여할 수 있어요. 이 책의 3부에서는 변화를 위한 캠페인에 관한 아이디어들을 살펴볼 거예요.

✼

다른 사람에 관한 거짓말을 퍼트리는 일은 어디서나 일어나요. 이런 거짓말은 **비방**(보통은 말로 하는 금방 사라지는 거짓말) 또는 **명예훼손**(보통은 글로 하는 오래 남아 있는 거짓말)이라는 범죄에 해당할 수 있어요.

이런 건 아동 권리가 아니에요

알고 있나요? 1,000년 전 잉글랜드에서는 남을 비방하면 노르만법에 따라 피해자에게 엄청난 벌금을 지불하고, 시장에 서서 코를 잡고 사람들에게 '나는 거짓말쟁이'라고 말해야 했어요.

생각의 자유

여러분은 자유롭게
생각할 권리가 있어요.
원하는 종교를 따를 수 있고,
종교를 갖지 않을 수도 있어요.

생각의 자유는 제가 제일 좋아하는 권리 중 하나예요. (알아요, 알아. 그게 쉽지 않다는 거.) 생각의 자유란 원하는 걸 원하는 방식으로 생각하고, 문제를 해결하고, 더 나은 미래를 꿈꿀 수 있다는 걸 의미해요. 일종의 놀이인데, 마음으로 하는 놀이인 셈이죠. 비옥한 정원에서 식물이 자라듯, 여러분은 새로운 생각을 자유롭게 키울 수 있어야 해요. 그리고 다른 사람의 생각에 얽매이지 않고 무엇을 어떻게 생각할지 스스로 결정할 수 있어야 하고요. 여러분과 생각이 똑같은 사람은 아무도 없고, 어떤 면에서는 그것이 여러분 각각을 구별지어줘요.

　여러분은 자신의 신앙을 선택해 따를 수 있고, 신앙을 바꾸거나 아무것도 믿지 않을 수도 있어요. 부모님에게는 이런 일들을 여러분에게 지도할 권리가 있고요. 누구도 신앙을 이

유로 여러분을 함부로 대할
수 없어요. 또한 여러분은 (예를 들
어 육류 섭취같이) 자신의 도덕적인 입장이
나 신념에 부합하지 않는 활동에 참여하는 걸 거
부할 수도 있어요.

돌아오지 않는 부메랑을
뭐라고 할까요?

막대기요.

이 권리는 모스크(이슬람교), 교회(기독교), 시나고그(유대
교), 구르드와라(시크교), 불교 사원 같은 예배 장소의 중요성
도 강조해요. 이런 곳들은 여러분이 도덕적 가치를 배우고,
친구를 사귀고, 공동체의 일원이라는 걸 느끼는 데 도움이 돼
요. 하지만 특정 종교를 따르지 않는다면 꼭 그런 곳에 갈 필
요는 없어요. 그리고 여러분이 믿는 신앙이 대지나 자연, 문
화적 전통과 연결돼 있다면, 다른 이들과 마찬가지로 그 대상
에 예배 드릴 권리가 있어요.

생각의 자유는 표현할 권리와 매우 밀접한 관련이 있어요
(151쪽을 보세요). 이 두 권리는 여러분이 더 나은 세상을 상상
하고 만들어가는 방법이에요.

실제로는 어떨까요?

이것도 잘 작동하지 않는 권리 중 하나예요. 특히 신앙이 그래
요. 종교적 불관용이라고 하는 특정한 유형의 편견은 어디에

나 존재해요. 종교적 불관용이란 어떤 사람을 그 사람의 신앙 때문에 더 나쁘게 생각하는 걸 말해요. 소수 종교(그 나라의 주된 종교가 아닌 종교)를 믿는 사람은 괴롭힘을 당할 수 있어요.

종교적 불관용은 당장 금지되어야 해요. 그러지 않으면 점점 심해지다가 **종교 박해**(매우 잔인한 대우)로 이어질 수 있으니까요. 종교 박해는 한 사람을 괴롭히는 것으로 시작하는데, 역사를 통틀어 수많은 사람에게 끔찍한 고통을 안겼어요. 심지어 **집단 학살**로 이어지기도 했는데, 집단 학살은 한 집단 사람들이 다른 집단 사람들을 (보통은 그들의 종교, 인종, 민족, 국적 때문에) 너무 증오해서 그들의 존재 자체를 없애려고 할 때 일어나는 대규모 살인을 말해요.

1948년 나치 독일에서 유대인이라는 이유로 성인 500만 명과 어린이 100만 명이 학살당한 홀로코스트 이후, 집단 학살은 국제법에서 공식적인 범죄로 규정됐어요. 홀로코스트 당시 유대인뿐 아니라 게이, 장애인, 집시와 로마니족 등의 유랑 민족이나 나치가 증오했던 수많은 사람들도 학살의 대상이 됐어요. 집단 학살은 그 이후에도 이어져, 르완다와 보스니아 같은 곳에서도 발생했어요. 가슴 아픈 사실은 오늘날에도 집단 학살의 위험이 계속되고 있다는 거예요.

안네 프랑크라는 소녀에 대해 들어봤나요? 안네는 나치

의 홀로코스트가 벌어질 때 숨어 지내면서 유명한 일기를 쓴 유대인 소녀예요. 안네는 결국 2년 뒤에 나치에게 발각돼 가족과 함께 잔혹한 강제수용소로 끌려갔어요. 그곳에서 안네의 아버지만 유일하게 살아남았지요. 안네는 일기에  이런 글을 남겼어요. "세상을 더 나은 곳으로 만들기 위해 단 한순간도 기다릴 필요가 없다는 건 얼마나 멋진 일인가요."

안네는 죽었지만, 그녀가 남긴 말은 여전히 진실이에요. 우리가 하는 모든 일이 변화를 만들 수 있어요. 바로 이것이 인권과 아동 권리가 만들어진 이유예요. 이 두 가지는 사람들을 보호하고 대량 학살을 막기 위한 가장 좋은 법들이에요.

*⁎

북한에서는 모든 종교가 불법이고, 크리스마스를 기념하면 사형을 당할 수도 있어요.

이란에서는 권력자들이 바하이교 신자들을 박해해요. 고문을 하기도 하고, 그들 가족의 집을 불도저로 밀어버리고, 젊은이들의 대학 진학을 허용하지 않아요.

사우디아라비아에서는 시아파 무슬림을 부당하게 차별해요. 이곳에서 기독교 신자로 사는 건 매우 힘든 일이에요.

중국 정부는 약 100만 명의 위구르족과 튀르크계 무슬림을 테러리스트라며 감옥과 강제수용소에 가두고, 수염을 기르거나 두건을 쓰거나 기도를 하거나 종교적 색채를 띤 사진을 가지고 있다는 이유만으로 고문을 하기도 해요. 무슬림 어린이들은 강제로 부모와 떨어져 지내며, 부모와 연락하거나 모국어를 사용하거나 자신들의 문화를 배우는 일이 금지돼 있어요. 목소리를 내는 사람은 누구든 엄중한 처벌을 받지요. 중국에서 위구르족과 튀르크계 무슬림에게 행해지는 일들은 반인도적 범죄에 해당할 정도로 끔찍한데, **반인도적 범죄**란 전쟁이 아닌데도 당국에서 고의로 광범위한 인간의 고통과 죽음을 초래하는 걸 말해요.

생각의 자유는 다른 권리들, 특히 **평등**과 약간 긴장 관계일 때가 있어요. 예를 들어 일부 종교인들은 동성애는 옳지 않다고 믿기도 하고, 여자아이가 남자아이와 동등해서는 안 된다고 생각하기도 해요. 하지만 모든 권리는 동일한 가치를 지니며, 누구도 다른 사람보다 낮거나 더 중요하지 않아요. 여러분은 여러분 자신일 권리가 있고, 자신의 목소리를 내고, 다른 사람들을 만나고, 원하는 사람을 사랑할 권리가 있어요. 여러분에게는 신앙과 다른 모든 권리를 동시에 가질 권리가 있어요.

즐라타 필리포비치

"열린 마음으로 세상과 주변 사람들에 대해 호기심을 갖고, 다른 사람들이 당신에게 해주기를 바라는 것과 같은 행동을 하려고 노력하세요. 서로의 말에 귀를 기울이고, 다른 사람 입장에서 생각하려고 노력해보세요. 가능한 한 사랑과 우정을 전하세요."

즐라타는 보스니아에서 태어나 열한 살까지는 행복한 어린 시절을 보냈어요. 그런데 그해 조국에 전쟁이 터졌어요. 일부 보스니아계 세르비아인들이 보스니아계 무슬림과 크로아티아인들을 없애고 싶어했는데, 이 증오심이 집단 학살로 이어진 거예요. 1992년부터 1995년까지 약 10만 명이 사망했는데, 대부분이 보스니아계 무슬림이었어요. 200만 명이 넘는 사람들이 피난을 떠나야 했지요. 즐리타에게 어린 시절은 전쟁의 연속이었고, 폭탄을 피하기 위해 지하에 잔뜩 웅크리고 있는 게 일상이었어요. 그녀의 친한 친구 한 명은 목숨을 잃었어요. 학교는 문을 닫았고, 전기가 끊기고, 먹을 게 부족했어요.

즐라타는 자기 생각과 감정을 일기장에 적었어요. 전에는 의식하지 못했던 신앙이나 민족성이 갑자기 중요해지는 낯섦에 대해 글을 썼어요. 그녀는 일기를 쓰면서 그토록 힘든 상황에서도 마음의 자유를 얻을 수 있었어요. 즐라타의 일기는 나중에 전 세계에 출판됐답니다.

여러분은 무엇을 할 수 있을까요?

≫ 증오에 저항하세요. 사생활 보호의 권리를 떠올려보세요(115쪽을 참고하세요).

> 여러분을 조종하거나 길들이려는 사람을 경계하세요. 그들은 사람들의 평등권뿐 아니라 생각의 자유까지 파괴하려고 하니까요. 사실을 확인하세요. 역사에서 교훈을 얻고 증오와 괴롭힘에 맞서세요.

> 신뢰할 수 있는 어른에게 알려서 그들이 개입할 수 있게 하세요. 방관하는 사람이 되지 말고 행동하는 사람이 되세요.

이런 건 아동 권리가 아니에요

여러분이 중국에 사는 티베트 불교 승려라면, 중국 당국에서 허가를 받지 않는 한 환생(죽은 뒤에 다시 태어나는 거예요)은 금지돼 있어요.

교육

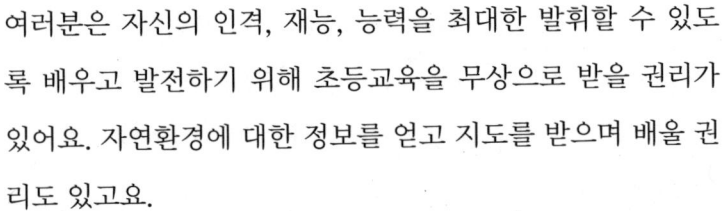

여러분은 좋은 교육을
통해 잠재력을 최대한
발휘해 배움을 확장하고
성장할 수 있는 권리가 있어요.
자신의 권리가 뭔지 알 권리도 있고요.

여러분은 자신의 인격, 재능, 능력을 최대한 발휘할 수 있도록 배우고 발전하기 위해 초등교육을 무상으로 받을 권리가 있어요. 자연환경에 대한 정보를 얻고 지도를 받으며 배울 권리도 있고요.

학교에서 체벌(매질이나 구타)은 허용되지 않아요.

또한 정부는 여러분이 중등교육이나 (기술 중심의) 직업교육을 받을 수 있도록 최선을 다해야 해요.

여러분은 아동 권리에 대해 교육받을 권리가 있어요. 아동 권리를 모르는데 어떻게 아동 권리를 옹호할 수 있겠어요? 이게 바로 우리가 이 책을 쓴 이유예요.

실제로는 어떨까요?

아동권리협약이 체결되기 전에는 1억 2,000만 명의 어린이가 초등교육을 받지 못했지만, 협약 체결 후 30년 동안 그 수가 절반으로 줄었어요. 만세! 하지만 안타깝게도 2020년 초에 시작된 코로나19 팬데믹으로 수백만 명의 아이들이 학교도 가지 못하고 친구들과 놀지도 못했어요. 결국 학습과 정신 건강에 나쁜 영향을 미쳤어요. 일부 아이들은 학교에서 주는 급식을 먹지 못해 굶주림에 시달렸고요.

알고 있나요? 아직도 다섯 명 중 한 명꼴로 초등학교에 갈 기회를 얻지 못하고 있어요. 이건 정말 많은 수예요! 다음에 교실에 가면 반 친구들을 세어보고 그 숫자를 5로 나눠보세요. 그러면 여러분이 있는 교실에서 얼마나 많은 아이가 그 자리에 없을 수 있는지 알 수 있을 거예요. 그리고 전 세계에서 그 비율만큼의 아이들이 초등교육을 받지 못한다고 상상해보세요. 전 세계의 열 살 난 어린이 가운데 3분의 2가 간단한 이야기도 읽지 못한다는 사실이 그리 놀랍지는 않아요. 교육을 받지 못했으니까요. 여러분의 놀라운 잠재력을 썩히다니 얼마나 큰 낭비예요!

세계 어디가 됐든 여자이거나, 장애가 있거나, 소수집단에 속하거나,

해골은 왜 배우지 못할까요?

배운 내용을 한 귀로 듣고 한 귀로 흘려버리거든요.

가난하면 교육을 받기가 더 어려워요. 학교에 다닐 수 있다고 해도, 그게 제대로 된 교육을 보장해주지는 않아요. 예를 들어 학교에 충분한 자격을 갖춘 선생님이 부족하거나, 깨끗한 물이나 화장실이 없는 낡은 건물의 콩나물교실 같은 환경에서는 공부하기가 쉽지 않아요. 하지만 이게 많은 나라의 현실이에요. 그리고 배가 고프거나, 아프거나, 장시간 노동으로 지친 상태에서도 공부하기가 힘들어요. 또 여러분이 전쟁 지역에 사는 2,700만 명 중 한 명이어서 지뢰밭을 피해 학교에 가려고 수킬로미터씩 걸어야 하는 상황이라면 더욱 힘들 거예요.

이제 좋은 소식을 찾아볼까요? 몇몇 학교는 여러분에게 여러분의 권리를 가르치는 인권 교육을 아주 잘하고 있어요.

흠. 제대로 작동하지 않는 다른 아동 권리도 발견했나요? 이 가운데 겪고 있는 어려움이 있다면, 여러분을 돕고 싶어 하는 사람이 많다는 걸 기억하세요.

또 비판적인 사고를 장려해 단순 암기가 아니라 문제를 다양한 관점에서 바라보고, 호기심을 키우며, 질문을 던질 수 있도록 교육하고 있어요. 이런 식으로 배우면 세상을 더 깊이 이해하고 자신감을 키울 수 있답니다.

이런 건 아동 권리가 아니에요

13세기 잉글랜드의 왕이 14세 이상의 모든 소년과 남성은 전쟁에 대비해 일주일에 적어도 2시간 동안 큰 활 쏘는 연습을 해야 한다는 법을 통과시켰어요. 이 법에 따르면 축구와 테니스, 주사위 놀이는 부적절한 게임이었어요.

거봐!
위험한 무기를 가지고 노는 게 훨씬
건전한 오락거리라니까!

말랄라 유사프자이

"다른 사람들한테만 뭔가 하라고 요구하는 사람들이 있어요. 근데 전 이렇게 생각해요. 왜 다른 사람이 하길 기다려야 하죠? 왜 내가 앞장서서 나가면 안 돼요?"

말랄라는 파키스탄 스와트밸리라는 지역에서 자랐어요. 탈레반이라는 잔혹한 단체가 장악한 곳이었지요. 탈레반은 소녀들의 교육을 금지하고, 학교를 폭파하고, 여성은 남성과 동행하지 않으면 집 밖에 나가는 것조차 허용하지 않았어요. 말랄라는 열한 살 때 소녀들에게 배움의 기회를 달라는 캠페인을 시작했어요. 처음에는 BBC 방송 블로그에 익명으로 글을 썼지요. 그러다 언론에 공개적으로 발언하기 시작했어요. 그녀에게 쏟아지는 관심이 못마땅했던 탈레반은 열다섯 살이던 그녀 머리에 총을 쐈어요. 다행히 그녀는 살아남았고, 총상에서 회복한 뒤 계속 싸움을 이어갔지요. 소녀들에게 교육의 기회를 달라는 그녀의 외침은 세계적인 운동으로 발전했고, 파키스탄 정부가 소녀들의 교육 접근성을 높이기 위한 새로운 법을 제정하는 데 크게 기여했어요.

말랄라는 열여섯 살 때 아버지 지아우딘과 말랄라 재단을 설립했는데, 이 재단은 전 세계 모든 소녀가 최소한 12년 동안 무료로, 안전하게, 양질의 교육을 받을 수 있도록 하는 걸 목표로 하고 있어요.

말랄라는 열일곱 살에 노벨평화상을 수상했어요.

여러분의 권리를 그려요

수업 시간에 이 활동을 하자고 선생님께 요청해보세요. 아니면, 학교 밖에서 친구들과 해보는 것도 좋아요. 우선 이 책에서 권리 하나를 골라요. 그런 다음 아동들이 그 권리를 누리거나 누리지 못하는 모습을 그림으로 그리는 거예요. 어느 쪽을 그릴지는 여러분이 정하세요. 친구와 짝을 지어 그림의 장면을 연기하고, 친구들이 여러분이 선택한 권리를 알아맞히는지 보세요. 그런 다음 그림 맨 위에 그 권리를 적어요. 원한다면 친구들 그림을 한데 모아 멋진 '아동 권리 콜라주'를 만들 수도 있어요!

(이 놀이는 아주 다양하게 응용할 수 있어요. 네모난 천을 이용해 아동 권리 퀼트를 만들거나 진흙이나 점토로 작은 형상을 조각할 수도 있어요.)

놀이

여러분은 놀고, 즐기고,
휴식을 취하고,
친구를 사귈 권리가
있어요.

만세! 여러분한테는 놀 권리가 있어요. 이 권리는 여러분의
다른 모든 권리와 똑같이 중요해요. "뭐라고? 학교만큼 중요
하다고?" 사방에서 어른들이 깜짝 놀라는 소리가 들리네요.
맞아요. 대답은 '그렇다'예요!

　노는 건 재미있는 데다 여러분의 성장과 건강에 도움이 되
기 때문이에요. 놀이는 살아가는 데 필요한 기술을 배울 수
있는 창의적인 방법이기도 해요. 예를 들어볼게요. 나무에 오
르면 자신의 한계를 시험할 수 있는 방법을 배워요. 친구들과
놀면 친구를 사귀고 소통하는 방법을 배우고요. 운동경기를
하면 힘도 세지고, 몸도 건강해지고, 팀워크도 배울 수 있어
요. 또 수많은 경기가 고대 전통에 뿌리를 두고 있어서 문화
와 정체성을 이해하는 데도 중요해요.

놀이는 자신을 표현하는 멋진 방법이고, 여러분의 몸과 마음, 상상력을 키우는 데도 도움이 돼요. 나이에 따라 재미를 느끼고 휴식을 취하는 방식은 달라질 수 있지만, 그래도 놀이는 여전히 중요해요.

놀 권리가 있다는 것은 정부가 여러분에게 안전하게 놀고, 쉬고, 휴식을 취하고, 스포츠와 예술, 문화를 즐길 수 있는 충분한 기회를 보장해야 한다는 뜻이기도 해요. 제가 이 책에 온갖 농담과 우스갯소리를 담은 이유이기도 하고요.

실제로는 어떨까요?

어떤 어른들은 여러분에게 놀 권리가 있다는 사실을 모르기도 하고, 놀이 시간이 수업 시간만큼 유용하지 않다고 생각하는 선생님도 많아요. 하지만 그렇지 않아요. 여러분이 원한다면 그분들에게 설명해주세요.

또 한 가지 문제는 놀 때는 안전해야 하는데, 오늘날 대부분의 거리는 아동 친화적이지 않아서 시끄럽고 지저분하고 위험하다는 거예요. 교통사고는 아동 사망의 주요 원인인데, 얼마든지 바꿀 수 있어요. 예를 들어 알바니아의 수도 티라나의 시의회는 번잡한 스칸데르베그 광장 개선 계획에 어린이들을 참여시켰어요. 그리고 '차 없는 날'을 지정해서 그날은 광장에서 마음껏 놀고, 걷고, 자전거를 탈 수 있는 훨씬 아동 친화적인 장소로 탈바꿈시켰답니다.

때로 사람들은 여러분이 성별에 따라 특정 방식으로 놀기를 기대하기도 해요. 여러분도 남자아이에게는 축구를, 여자아이에게는 좀 더 차분한 놀이를 기대하는 경우가 많다는 걸 눈치챘을 거예요. 다른 사람들의 권리를 존중하는 한, 여러분은 자기가 노는 방식을 선택할 권리가 있어요.

이런 건 아동 권리가 아니에요

알고 있나요? 이탈리아의 고대 도시 헤라클레아에서는 해변에 모래성 쌓는 게 불법이에요.

이건 건축법 위반이에요!

데인 베스트

"부당하다고 느끼면, '안 돼'라는 대답에 수긍하지 마세요. 여러분의 목소리를 내세요. 여러분은 자신의 권리를 위해 싸울 수 있고, 우리가 어리다고 해도 사람들은 우리의 말에 귀 기울일 거예요. 저는 눈덩이를 던지는 게 불법이라는 100년 된 부당한 법을 알게 됐고, 우리 동네를 바꾸기 위해 그 법에 맞서 싸웠어요. 우리가 미래예요!"

데인 베스트는 겨울에 눈이 많이 내리는 미국 콜로라도주 세버런스라는 작은 마을 출신이에요. 아홉 살 때 그는 세버런스에 눈덩이 던지기를 금지하는 오래된 법이 있다는 걸 알게 됐어요. 그래서 마음먹었지요. 이걸 바꿔야겠다고요. 그는 친구들과 함께 시 위원회에 편지를 쓰고, 그들 앞에서 그 내용을 발표했어요. 데인은 말했지요. "세버런스 아이들은 다른 나라 아이들처럼 눈싸움을 하고 싶습니다. 이 법은 오래전에 만들어졌어요. 지금 아이들은 밖에서 즐길 수 있는 놀이가 필요해요." 그의 말에 귀를 기울인 위원들이 금지법을 만장일치로 폐지했어요. 법정에 모인 아이들과 부모들의 환호 속에서요.

여러분은 무엇을 할 수 있을까요?

≫ 여러분이 다니는 학교는 정규 수업 시간 외에 동네 아이들에게
운동장을 사용할 수 있게 해주나요? 그렇지 않다고 해도, 교장
선생님을 설득해 바꿀 수 있을지 몰라요. 3부에 나오는 아이디어
와 조언을 살펴보세요.

참여

여러분은 중요한
대화에 참여하고
의견을 존중받을
권리가 있어요.

이 권리는 여러분이 자신에게 영향을 미치는 모든 결정에 참
여해 의견을 말하고 그 의견을 존중받아야 한다는 점을 강조
해요. 중요한 대화에 참여하는 것은 여러분이 한 사람의 개인
으로 성장하는 데, 또 모두가 더 나은 결정을 내리는 데 도움
이 돼요. 그래서 이 권리가 중요해요. 물론 여러분이 어떤 대화
에 참여하느냐는 여러분 나이와 여러분에게 필요한 것들에 따
라 달라질 수 있지만, 어쨌든 이건 아기 때부터 10대까지 이어
질 긴 과정이니까요!

참여할 권리는 단순히 말에만 한정된 게 아니에요. 여러분
이 말을 할 수 없거나 하고 싶지 않은 경우에도 어른들은 여
러분에게 주의를 기울이고 그림이나 놀이, 표정 같은 다른 방
식으로 소통하도록 여러분을 격려해야 해요.

참여할 권리를 기억하는 데 도움이 될 멋진 말이 있어요. "내가 없으면 나에 관한 무엇도 존재할 수 없다."

실제로는 어떨까요?

이 권리를 아는 사람은 많지 않기 때문에 대화에 참여하게 해 달라고 어른들을 설득하는 일이 쉽지 않을 수도 있어요. 하지 만 실망할 거 없어요. 변화는 언제든 가능하니까요! (스코틀랜 드와 인도, 아프리카의 일부 국가를 포함한) 몇몇 나라에는 어린이 와 청소년들이 운영하는 전국 아동 의회가 있어요. 이 아동 의원들은 공개 토론에서 어린이와 청소년에게 영향을 미치는 문제에 대한 의견을 말하고, 어른들은 이들의 견해를 진지하 게 경청해요.

아동권리협약에 따라 정부는 아동에게 영향을 미치는 법 이나 정책을 만들 때 먼저 여러분의 의견을 확인해야 해요. 다만 여러분이 (혹은 부모님이나 보호자가) 이렇게 해달라고 정 부에 요청해야 할 수도 있 어요. 학교나 병원 같

쿠키 둘이 오븐 속에서 대화를 나누고 있어요. 한 쿠키: "휴, 여기 정말 덥다." 다른 쿠키: "으악! 말하는 쿠키다!"

은 기관도 마찬가지예요. 아동에게 직접적으로 영향을 미치는 업무가 있다면 반드시 여러분 의견을 들어야 해요.

이런 건 아동 권리가 아니에요

미국 애리조나에서는 저녁 7시 이후에 욕조에서 당나귀를 재우는 게 불법이에요. 1924년 한 상인이 키우던 당나귀를 욕조에 재웠는데(미안해요, 이유는 저도 모르겠어요), 어느 날 마을에 홍수가 났고(욕조 물 때문에 홍수가 난 건 아니에요), 욕조에 든 당나귀가 계곡 아래로 떠내려갔어요. 당나귀를 구하느라고 한참 고생한 지역 주민들이 화가 머리끝까지 났어요.

여러분은 무엇을 할 수 있을까요?

≫ 여러분이 다니는 학교에 개선할 문제가 있나요? 그렇다면 어린이·청소년 의회를 만들어보는 게 어떨까요? 다양한 경험을 한 다양한 아이들로 위원회를 구성한 다음, 함께 모여 가장 중요한 문제를 결정하고 선생님들에게 여러분의 생각을 전달하는 거예요. 선생님들께 여러분의 아이디어를 학교 개선 방안에 넣어달라고 요청하고, 진행 상황을 지켜보세요. 달라지는 게 없다면 선생님들에게 상기시켜주세요. 책임을 물으세요.

차일드 라이츠 커넥트

"영향은 클 수도 작을 수도 있지만, 우리는 모두 우리가 믿는 것을 위해 싸웁니다."

차일드 라이츠 커넥트Child Rights Connect는 100개가 넘는 아동 인권 단체로 구성된 세계적인 네트워크예요. 이 단체는 해마다 전 세계 아동 12명을 선정해 아동 자문단을 구성하고, 아동 자문관으로 활동하면서 놀라운 일들을 합니다. 유엔에서 아동 권리에 대해 발언할 수 있도록 지원하는 것도 그중 하나예요.

2022년에는 아동 참여 프로세스를 마련해 아동들이 유엔에 이런 요구도 전달할 수 있었어요. 모든 유엔 업무의 중심에 아동 권리가 놓일 수 있게 해달라고요. 같은 해, 크로아티아 출신의 열세 살 난 소녀로 아동 자문관으로 활동하는 아리아와 그녀의 친구 프랜은 바다와 해변 청소 캠페인을 벌였어요. 두 친구는 워크숍을 주최하고, 해변을 오염시키는 대기업들에 편지를 썼지요. 그리고 그 기업들을 아동 시의회 회의에 초청해 플라스틱 생산을 멈추고 보다 친환경적인 생분해성 소재를 사용해달라고 요청했어요.

또 지역 놀이터를 되살리는 프로젝트를 진행하고, 불필요한 장난감의 대량 생산을 막기 위해 책과 장난감을 교환할 수 있는 물물교환 장터도 열었답니다. 두 소녀가 말해요. "모두를 위한 지속 가능한 관광—우리의 지구를 지킵시다!"

해마다 새로운 어린이와 청소년들이 아동 자문단에 지원해 아동 자문관으로 활동해요. 여러분도 도전해보세요!

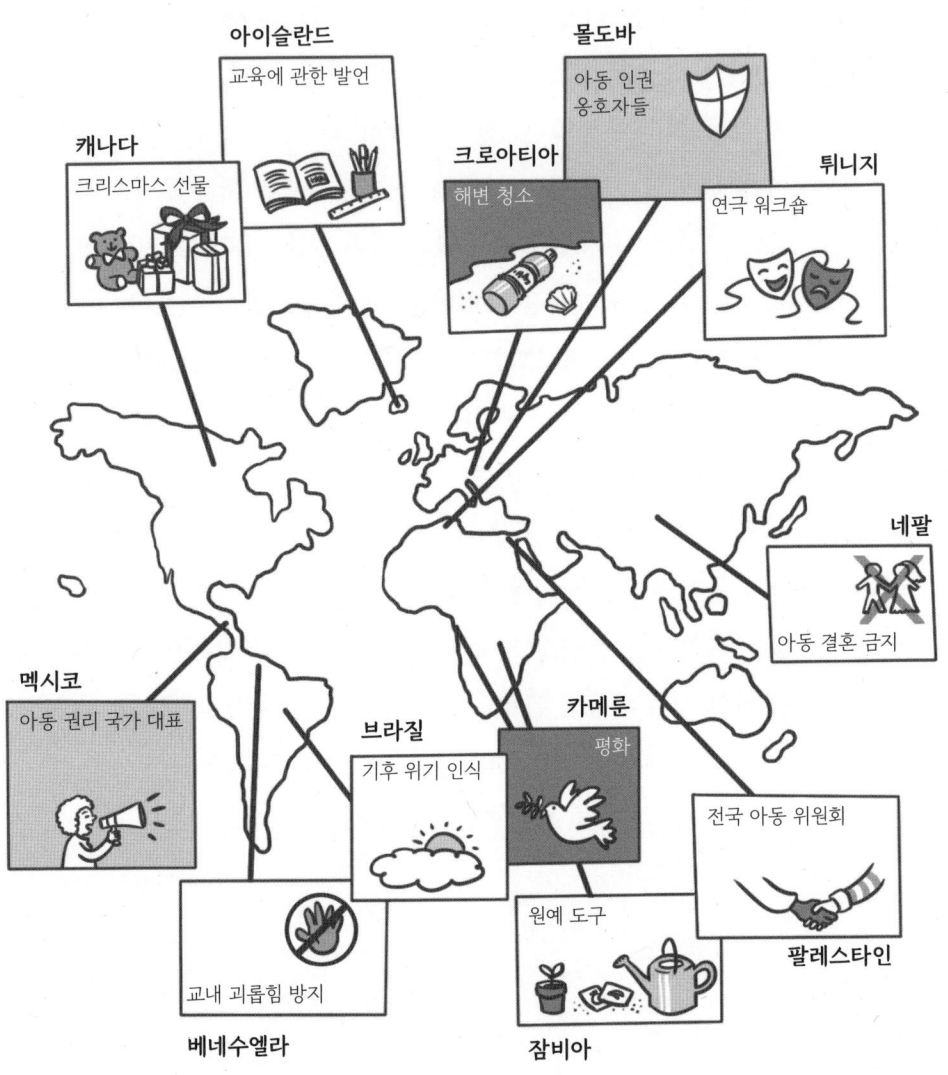

아이슬란드
교육에 관한 발언

몰도바
아동 인권
옹호자들

캐나다
크리스마스 선물

크로아티아
해변 청소

튀니지
연극 워크숍

네팔
아동 결혼 금지

멕시코
아동 권리 국가 대표

브라질
기후 위기 인식

카메룬
평화

전국 아동 위원회
팔레스타인

원예 도구

교내 괴롭힘 방지
베네수엘라

잠비아

표현

여러분은 자기 자신을
표현할 권리가 있어요.
평화 집회에 참여하는 것도
이 권리에 속해요. 적절한 (그리고 해롭지 않은)
모든 정보를 얻을 권리도 있어요.

이 권리는 여러분의 목소리가 중요하다는 걸 보여줘요. 여기
에는 여러분의 실제 목소리는 물론이고 예술, 음악, 스포츠,
글쓰기, 공연 등 여러분을 표현하는 다양한 방법도 포함돼요.
이 권리는 여러분이 자신과 다른 사람을 위해 목소리를 낼 때
자신감을 가지라고 말해요.

　다른 사람의 권리를 침해하지 않는 한 여러분에게는 변화
를 요구하고, 모든 종류의 지식과 정보를 추구하고, 찾고, 공
유할 권리가 있어요. 그 누구도 여러분을 막을 수 없어요. 누
군가 그렇게 한다면, 그걸 검열이라고 해요.

　여러분에게는 친구를 사귀고 평화롭게 모일 수 있는 권리
가 있는데, 이걸 평화 집회의 자유라고 해요. 여러분은 자신
에게 중요한 문제와 관련해 평화롭게 시위할 권리가 있어요.

경찰은 여러분이 평화 시위에 참여할 때 여러분을 보호해야 할 책임이 있어요(늘 그렇게 하는 것은 아니지만요). 여러분은 자신의 의견을 말할 수 있지만, 이런 권리를 갖는다고 혐오 발언이 용납되는 건 아니에요. 혐오 발언이란 특정 집단 사람들에 대해 악의적인 말을 해서, 다른 사람들이 그 집단 사람들을 해치도록 부추기는 거예요.

여러분도 알다시피, 이 책에 나오는 수많은 실제 사례는 자신의 표현할 권리를 행사한 어린이와 청소년들의 이야기예요.

실제로는 어떨까요?

표현할 권리가 있다는 걸 바꿔 말하면 의견을 존중받을 권리가 있다는 의미이지만, 여러분도 알다시피 여러분 의견이 늘 잘 반영되는 것은 아니에요. 상대의 말을 잘 듣고 존중하는 게 누구나 잘하는 기술은 아니니까요! 그렇다고 누군가가 정말 잘 들어준다고 해서, 그 사람이 여러분이 원하는 대로 행동해야 하는 건 아니에요. 불가능한 일일 수도 있고, 여러분 의견에 동의하지 않을 수도 있는데, 그것 또한 그 사람의 권리이니까요. 181쪽을 보면 어른들이 여러분의 말에 귀 기울이도록 설득하는 방법에 관한 조언이 나와요.

가장 흔한 문제는 책임 있는 사람들이 저항을 두려워하는

경우가 많다는 거예요. 그들은 지금 상태가 편해서 변화를 원하지 않거든요. 이것이 보통 그들이 이 권리를 억압하는 이유예요. 많은 나라에서 제일 먼저 예술가, 작가, 코미디언, 언론인의 입을 틀어막는 경우가 많은데, 당국에서는 소통에 능한 이들이 다른 사람들에게 영향을 미칠까봐 두려워하기 때문이에요.

자나 지하드

"자신의 권리보다 못한 것은 절대 받아들이지 말고, 항상 자기가 믿는 바를 옹호하세요. 여러분은 오늘과 내일의 리더이며, 이 세상을 더 나은 곳으로 만들 수 있습니다. 여러분의 문제를 크게 외치세요. 들으라고 요구하세요. 저항하고 변화를 일으키세요. 우리는 하나로 힘을 모아 정의, 평등, 자유를 위해 노력해야 합니다."

자나는 팔레스타인에 있는 나비 살레라는 마을에 살아요. 이 곳은 1967년부터 이스라엘군에게 점령되어 있어 군인들이 밤낮으로 거리를 순찰해요. 그들은 심지어 아이들을 체포하기도 하고, 때로는 모두 잠들어 있는 사이에 집을 급습하기도 해요. 장벽과 검문소 때문에 마을을 드나드는 게 쉽지 않아 학교에 가는 데 몇 분이 아니라 몇 시간씩 걸리기도 해요. 직장이나 병원에 가는 것도 정말 힘든 일이고요.

자나가 일곱 살 때였어요. 이스라엘 군인들이 평화 시위를 하던 그녀의 삼촌과 친구를 총으로 쏴 죽였어요. 그녀는 당시 상황을 엄마의 휴대전화로 촬영해 세상에 진실을 알렸어요. 그녀가 10대였을 때 이미 수십만 명이 그녀의 라이브 영상을 시청한 상태였어요. 그녀는 휴대전화를 통해 목소리를 내는 인권 기자로 활동하고 있어요.

여러분은 무엇을 할 수 있을까요?

≫ 자기와 다른 사람들을 위해 목소리를 내는 방법은 다양해요. 때로는 (슬픔, 분노, 희망 같은) 자신의 감정이 무엇이고, 그 감정이 몸의 어디에 자리 잡고 있는지 알아내는 것부터 시작하는 게 좋아요. 그런 다음 어떻게 자신을 표현하고 싶은지 생각해보세요. 예를 들면 말이나 글, 드로잉, 그림, 사진, 노래, 춤 같은 것들이 있어요. 소식지를 만들거나 친구 모임에 참여하는 것도 좋아요. 3부에서 더 많은 아이디어를 살펴보기로 해요.

이런 건 아동 권리가 아니에요

태국에서 왕이나 왕비를 비판하거나 조롱하면 최대 15년 징역형을 선고받을 수 있어요. 농담이 아니에요. 한 남성은 왕이 키우는 개를 비웃다가 체포됐어요!

환자: 선생님, 선생님,
저 목소리를 잃어버렸어요!

의사: 글쎄요, 전 못 봤는데요.

3부:

여러분의
권리를 위해
행동에 나서요

"희망은 행동을 의미해요."

– 그레타 툰베리

나는
아동 권리 전문가

축하해요. 이제 여러분의 권리를 알게 됐군요! 진실도 알게 됐고요. 여러분이 가진 권리와 현실 사이에 틈이 있다는 사실 말이에요. 솔직히 그중에는 코끼리가 빠질 만큼 큰 틈도 있어요. 하지만 그 어떤 틈도 여러분에게 아동 권리가 있다는 사실을 바꾸지는 못해요.

권리를 알고 있으면 특별한 힘이 생겨요. 지금 벌어지는 일을 이해하고 문제가 생겼을 때 목소리를 내는 데 도움이 돼요. 또 권리와 현실 사이의 틈을 메우고 상황을 개선하는 데도 도움이 돼요.

크든 작든, 행동하면 변화를 만들 수 있어요. 친절과 연대의 작은 행동은 여러분이 생각하는 것보다 사람들에게 더 큰 도움을 줄 수 있어요. 큰 행동과 큰 변화는 여러분이 다른 사람들과 힘을 모을 때 더 쉽게 일어나요. 잔잔한 호수에 돌을 던지는 것과 비슷해요. 혼자 던지면 아름다운 잔물결을 만들 수 있고, 함께 던지면 파도를 일으킬 수 있어요.

아동 권리를 옹호하는 데 도움이 될 만한 몇 가지 아이디어를 소개할게요. 여러분도 각자의 아이디어를 떠올려보세요! 그리고 무엇을 하든 안전이 제일 중요해요. 안전에 관해서는 190쪽을 참고하세요.

힘이 생겼어!

» 자신을 믿어요

이걸 가장 먼저 언급하는 이유는 정말 중요하기 때문이에요. 여러분이 누구든, 어디에 있든, 자기 자신을 믿고 있는 그대로의 모습으로 살아갈 권리가 있다는 걸 기억하세요. 여러분이 중요하지 않다고 하는 사람들의 말은 귀담아듣지 마세요. 그 사람들이 틀렸어요. 여러분은 특별해요. 마음껏 빛을 발하세요. 타인을 존중하고, 그들이 여러분에게 해주기 바라는 대로 그들을 대하세요.

» 어떤 문제가 있나요?

이제 주위를 둘러보세요. 여러분의 집, 공동체, 국가, 그리고 세계를요. 여러분은 어떤 권리를 누리고 있고, 어디에 문제가 생길 수 있는지 생각해보세요. 친구들과 이야기를 나누고 여러분 생각에 동의하는지 알아보세요. 아동 권리와 현실 사이에 틈이 있나요? 얼마나 큰가요? 문제가 뭔가요?

고래만큼?

땅돼지만큼?

벼룩만큼?

그 틈의 크기를 고려할 때, 어떻게 해야 한다고 생각하나요? 여러분에게 그걸 바꿀 방법이 있나요? 만약 있다면, 이번이 아동 권리 **활동가**가 될 좋은 기회예요! 세상을 더 나은 곳으로 변화시키기 위해 행동하는 사람이 되는 거예요.

» 협력자와 동지를 찾으세요

숫자는 항상 힘을 가지고 있어요. 그러니 여러분과 함께할 사람이 있는지 찾아보세요. **동지**는 문제가 있다는 데 동의하고 그 문제를 해결하려고 하는 친구들이에요. 문제해결을 위해 모임을 만들 수도 있어요. 배경이 다양한 사람들로 모임을 구성할 수 있도록 노력해보세요. 화기애애한 분위기를 만드세요. 서로의 말에 귀를 기울이고 서로를 믿으세요. 함께하면 문제를 해결할 가능성이 더 커져요.

» 조사하고 사실을 확인하세요

실제로 무슨 일이 일어나고 있는지 자세히 알아보세요. 무엇이 바뀌어야 할까요? 누가 책임을 맡고 있고, 지금 상황을 더 좋게 바꿀 수 있을까요? 누가 여러분 말을 들어줄까요?

항상 **가짜 뉴스**를 경계하세요. 가짜 뉴스는 사실인 것처럼 꾸민 거짓 정보를 말해요. 확인되지 않은 가짜 뉴스를 많은 사람이 공유하면 거짓말이 걷잡을 수 없이 퍼질 수 있어요. 똑같은 함정에 빠지지 마세요. 공유하기 전에 항상 확인하세요.

가짜 뉴스를 쏙쏙 가려내는 유용한 방법

FAKE NEWS!

이야기에 존중이 담겨 있는지 혹은 악의적인지 판단하세요

그 이야기를 공유하면 누군가에게 상처를 줄 수 있나요?

웹사이트 살펴보기

URL(웹 주소)이 진짜인지 확인하세요. 가짜 주소는 진짜 주소를 모방할 때가 많으니까 꼼꼼히 살펴봐야 해요. 웹 주소가 .com.co처럼 이상하게 끝나지는 않나요? 웹사이트 소유자가 누구인가요? 연락처 정보가 있나요? 없다면 신뢰할 수 없는 사이트일 가능성이 커요.

작성자를 확인해요

반드시 작성자의 이름이나 단체 이름이 있어야 해요. 완전히 익명으로 작성된 글은 사실일 가능성이 낮아요. 검색창에 기사 제목을 그대로 입력해서 검색해보세요. 다른 사이트에서 곧바로 가짜 뉴스라고 알려주는 걸 확인할 수 있어요.

경고 신호

잘못된 정보

누군가가 잘못 알고 있는 사실을 확인하지 않은 틀린 정보

허위 정보

의도적으로 속이려고 하는 가짜 정보

'면책 조항' 혹은 '주의 문구'라는 단어로 시작되는 내용은 기본적으로 그 이야기가 지어낸 이야기라는 걸 인정하는 거예요. 온라인에 공개된 내용이 아닌 경우에도 마찬가지예요.

유명인의 인용문이 있으면 검색 엔진에 직접 입력해서 사실인지 확인하세요. 신뢰할 수 있는 사이트 또는 신뢰할 수 있는 기관이 운영하는 사이트에도 같은 인용문이 나오나요? 그게 아니라면 지어낸 것일 수 있어요.

사진 확인하기

사진은 진짜일 수 있지만, 날조한 사람은 사진 찍은 날짜와 장소를 속일 수 있어요. 그러면 이야기가 완전히 달라져요. 사진을 보정하면 사람의 외모를 바꿀 수 있어요. 배경이 흐릿하지는 않은지, (그림자를 빠트리는 등의) 실수는 없는지 확인하세요.

구글에서 역이미지 검색 기능을 사용해 더 많은 정보를 확인하세요.

결론을 내려요

- 증오에는 '노'라고 답하세요.
- 확실하지 않으면 공유하지 마세요.
- 신뢰하는 어른과 함께 확인하세요.

선전 활동을 경계해요

선전(propaganda)이 **가짜 뉴스**와 비슷한 이유가 있어요

선전은 누군가가 여러분의 생각을 왜곡하기 위해 하는 활동으로, 말이나 그림, 교묘한 디자인이 동원되기도 해요. 예를 들어, 2023년 러시아 정부가 만든 교과서를 보면, 거기에는 러시아의 관점에서 우크라이나에 대해 서술한 선전으로 가득했어요. 러시아는 자신들이 점령한 우크라이나 지역의 학교 선생님들에게 그 교과서를 채택하라고 강요하고, 말을 듣지 않으면 감옥에 보냈지요.

나치 독일에서는 유대인들이 온전한 인간이 아니라는 선전을 퍼트려 사람들에게 잘못된 믿음을 심어줬어요. 오늘날에는 일부 정치인과 언론 매체가 난민에 대해 비슷한 주장을 펼치고 있지요. 이런 말들은 명백한 거짓이지만, 선전이 교묘하게 이루어질 경우 큰 성공을

거두기도 해요. 그러니까 경계를 늦추면 안 돼요. 악의적이고, 잔인하고, 타인에 대한 존중이 없는 글이나 그림 등을 보면 한 번 더 생각하세요. 특히 특정 집단의 **모든 구성원**(예를 들어 유대인 전체나 모든 난민)이 특정 방식으로 행동한다고 주장하거나, 한 사람의 행동으로 집단 전체를 일반화하는 주장을 펼친다면 더욱 조심해야 해요. 말도 안 되는 이야기이지만 선전에 속아 믿어버리는 함정에 빠질 수 있어요. 반드시 사실을 확인하세요.

» 사실을 확인했다면, 행동 계획을 세우고 일정을 정하세요

좋은 계획은 이런 질문으로 시작해요.

문제에 대한 인식을 높이는 과정을 포함하세요(172-180쪽
을 참고하세요). 이 과정을 일정에 넣어요.

» 연대의 힘을 보여주세요

연대는 함께한다는 의미예요. 서로를 위해 나서서 하는 모든 활동으로, 사람들 감정에 큰 변화를 가져올 뿐 아니라 그들의 상황도 개선할 수 있어요. 여러분도 누군가가 여러분을 위해 나서고 있다는 걸 알면 기분이 좋지 않나요? 어떤 문제에 대해 말하는 사람이 많을수록 그 문제를 책임진 사람도 그 말에 귀를 더 기울일 거예요. 이 책에는 연대에 관한 아이디어가 꽤 많은데, 여기서 하나 소개할게요!

여러분은 무엇을 할 수 있을까요?

≫ 개인적으로 알지 못한다고 해도 부당하게 대우받는 사람에게 연대의 카드를 보낼 수 있어요. 연대의 카드는 그들을 기억하는 이들이 있다는 것을 보여주고, 그들에게 더 나은 대우를 하도록 해당 기관에 압력을 넣을 수 있어요. 관심이 있다면 친구들과 함께 앰네스티가 매년 연말에 주최하는 편지쓰기 캠페인을 확인해보세요. 앰네스티는 응원의 메시지가 필요한 사람들의 세부 정보를 제공해요. 편지쓰기 캠페인 기간에는 사랑스러운 카드들이 전 세계를 쓩쓩 날아다닌답니다!

우표가 봉투한테 뭐라고 했을까요?

나한테 딱 붙어 있어. 우린 갈 데가 많거든!

애니 알프레드

애니 알프레드는 여덟 살 때 앰네스티 편지쓰기 캠페인에 참여했어요. 그녀는 선천성 백색증을 앓고 있다는 것 외에는 아프리카 남동부 말라위에 사는 여느 아이들과 다르지 않아요. 백색증은 햇빛으로부터 피부를 보호할 만큼 충분한 색소(멜라닌)를 생성하지 못하는 질환이에요. 어떤 사람들은 어리석게도 그녀의 몸에 마법 같은 힘이 있다고 믿기도 해요. 그래서 그녀와 같은 질환이 있는 사람들을 죽여 그들의 머리카락이나 신체 부위, 뼈 등을 팔고 싶어 해요. 수천 명의 어린이·청소년이 편지쓰기 캠페인을 통해 애니에게 연대의 카드를 보냈고, 말라위 대통령에게 항의 메시지를 보냈어요. 그리고 이 메시지는 효과를 발휘했어요! 불과 몇 달 만에 법이 개정돼 이제 이 범죄를 저지르면 종신형 선고를 받게 된 거예요. 애니는 그때 받은 카드들을 정말 아껴요. 그녀는 백색증을 앓는 아동을 위한 안전한 기숙학교에 다닐 수 있도록 도움도 받았어요. 그녀는 커서 간호사가 되는 게 꿈이에요.

» 문제에 대한 인식 높이기: 책임을 맡고 있는 사람에게 편지 보내기

책임을 맡고 있는 사람에게 편지를 쓰는 게 유용할 때가 많아요. 그 사람은 정치인일 수도 있고 기업의 임원이나 교장 선생님일 수도 있어요. 카드, 편지, 이메일을 보낼 수 있어요.

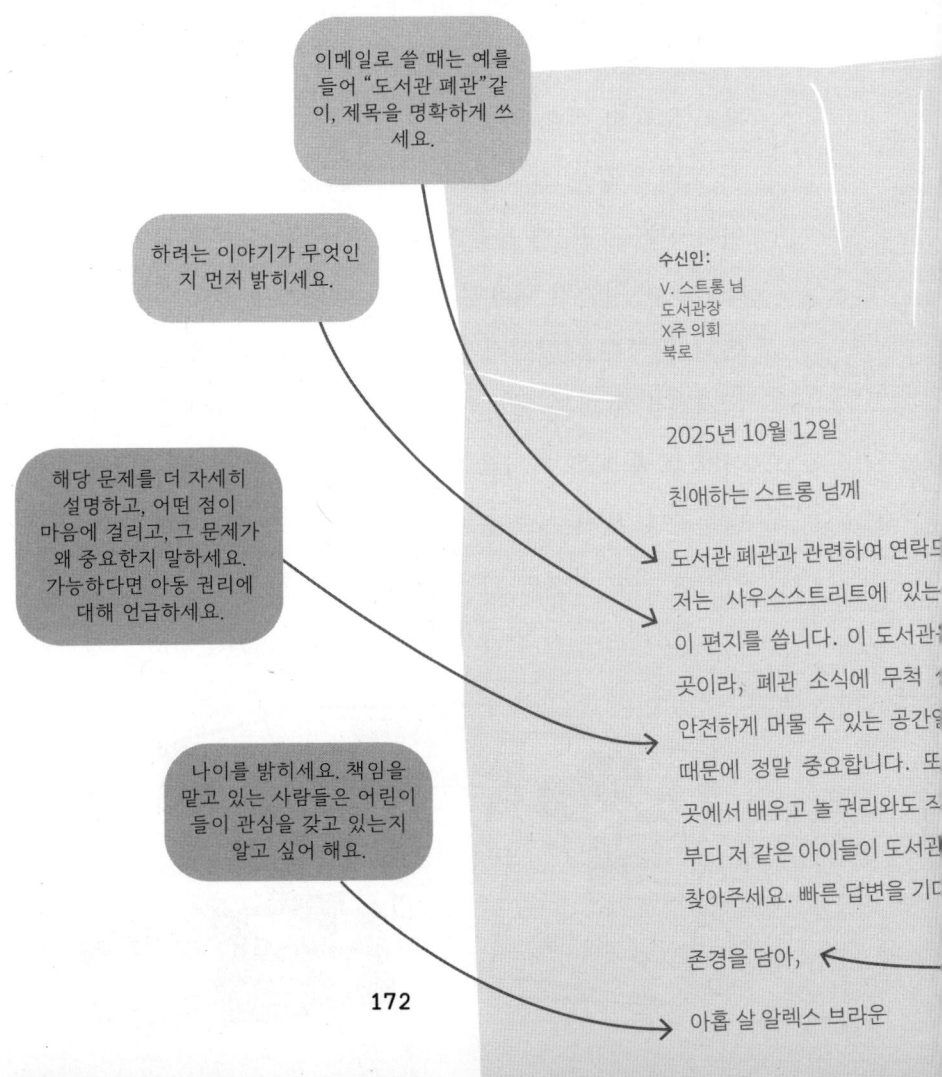

이메일로 쓸 때는 예를 들어 "도서관 폐관"같이, 제목을 명확하게 쓰세요.

하려는 이야기가 무엇인지 먼저 밝히세요.

해당 문제를 더 자세히 설명하고, 어떤 점이 마음에 걸리고, 그 문제가 왜 중요한지 말하세요. 가능하다면 아동 권리에 대해 언급하세요.

나이를 밝히세요. 책임을 맡고 있는 사람들은 어린이들이 관심을 갖고 있는지 알고 싶어 해요.

수신인:
V. 스트롱 님
도서관장
X주 의회
북로

2025년 10월 12일

친애하는 스트롱 님께

도서관 폐관과 관련하여 연락드
저는 사우스스트리트에 있는
이 편지를 씁니다. 이 도서관
곳이라, 폐관 소식에 무척
안전하게 머물 수 있는 공간을
때문에 정말 중요합니다. 또
곳에서 배우고 놀 권리와도
부디 저 같은 아이들이 도서관
찾아주세요. 빠른 답변을 기다

존경을 담아,

아홉 살 알렉스 브라운

172

친구들에게 편지에 서명해 달라고 부탁하세요. 서명을 많이 받은 편지를 '청원서'라고 해요.

여러 사람에게 같은 문제에 관한 편지를 받으면, 책임자는 무언가를 바꿔야 한다는 압박을 느낄 거예요.

정치인에게 편지를 쓴 경우, 선생님에게 그 정치인을 만나서 직접 이야기할 수 있도록 학교에 초청해달라고 부탁할 수도 있어요.

반송 주소:
F. 퓨, 5학년 교사
X초등학교
X시

여러분이 신뢰하는 어른 (부모님이나 선생님 등)의 연락처와 날짜를 적으세요.

그 사람이 무엇을 해주기를 바라는지 명확하게 밝히세요.

□다.
도서관이 문을 닫는다는 소식을 듣고 아니라 저의 많은 친구가 늘 이용하는 습니다. 도서관은 학교 밖에서 우리가 니라 무료로 책을 읽을 수 있는 곳이기 아동권리협약에 명시된, 아동이 안전한 때문에 더더욱 중요합니다.
이용할 수 있도록 폐관하지 않을 방법을 □니다.

답장을 부탁하세요.

정중한 인사로 편지를 끝맺어요.

» 문제에 대한 인식 높이기: 대중 연설

문제에 대한 인식을 높이는 또 다른 좋은 방법은 학교에서 조회를 할 때처럼 사람들과 직접 이야기하는 거예요. 몇 가지 유용한 팁을 소개할게요.

준비

- 목표를 정하세요. 청중이 여러분의 연설을 듣고 나서 어떤 감정을 느끼고 어떤 행동을 하기를 바라나요?

- 연설은 혼자 할 건가요, 아니면 단체로 할 건가요? 단체로 한다면 이 모든 과정을 친구들과 함께 의논하세요.

- 연설문을 작성하세요. 청중의 관심을 사로잡을 인상적인 내용으로 시작해야 해요.

- 간결함을 유지하세요. 사람들은 많아야 세 가지 정도밖에 기억하지 못해요.

- 몇 가지 사실과 증거를 포함시키세요.

- 가능하면 사진이나 영상을 활용하세요.

- 어떻게 마무리할지 정하세요. 예를 들어, 청중의 마음에 남을 만한 긍정적인 생각이나 행동으로 끝을 맺어요.

- 주어진 시간 안에 여유롭게 끝낼 수 있는지 확인하세요.

- 너무 긴 것보다는 아주 짧은 게 훨씬 좋아요.

- 연습하세요. 가능하면 읽을 필요가 없을 정도로 숙지해두세요.

연설하는 동안

- 자기소개를 하면서 무슨 이야기를 어느 정도 시간에 하려고 하는지 이야기하세요. 그러면 청중이 편안한 마음으로 여러분 이야기에 집중할 수 있어요.
- 청중을 배려하세요. 미소를 지으세요. 긴장했더라도 편안한 척하세요. 대개의 경우 청중은 속으로 여러분을 응원하고 있다는 걸 기억하세요!

- 마음의 여유를 갖고, 차분하게 호흡하며, 서두르지 마세요.
- 천천히 말하세요.
- 가능하면 작성한 메모는 프롬프트처럼 참고만 하면서, 머리와 가슴에서 우러나오듯 자연스럽게 말하세요.

연설을 끝내고 나서

- 잘 들어준 청중에게 감사의 인사를 전하세요.
- 연설할 기회를 준 주최 측에 고마움을 표하세요.

알고 계시나요?

» 문제에 대한 인식 높이기: 창의성을 발휘해봐요

여러분에게 중요한 이야기를 사람들이 주목할 만한 방식으로 전달하는 게 가장 중요해요. 더 많은 사람에게 알릴수록 성공할 가능성이 커지니까요. 목소리를 내고, 있는 그대로의 모습을 보여주고, 즐기세요. 문제에 대한 인식을 높일 수 있는 몇 가지 창의적인 방법을 소개할게요. 하지만 여러분도 자신만의 아이디어를 생각해보세요!

눈길을 사로잡는 배너나 플래카드를
직접 만들어보는 건 어떨까요?
가장 단순한 메시지가 가장 강력한 효과를
발휘할 때가 많아요.
언제나 존중하는 태도를 잃지 마세요.

연을 만들어 꾸며보세요.
여러분이 그린 그림과 메시지가
높이높이 날 수 있도록요.

여러분이 하고 싶은 말과
디자인으로 알록달록한 장식용
깃발을 만들어보세요.

(종이로 만든 평화의 비둘기처럼) 의미가
담긴 모양으로 모빌을 만들어보세요.

여러분의 이야기를 전달하는 데 도움이 될 만한
모양으로 재미있는 케이크나 비스킷을 구워보세요.
다양한 문화권의 특별한 레시피들을 이렇게 저렇게
섞어서 만들어도 좋을 거예요. 여러분이
이루고자 하는 대의를 위해 모금을 하고 있다면,
학교나 지역 행사에서 판매할 수도 있어요.

사람들이 한자리에
모일 수 있는
음악회나 시 낭송회를
주최해보세요.

스포츠 행사에서 여러분이 속한 팀에
여러분의 대의를 지지하는
아이템을 착용해달라고 부탁해보세요.

감명받은 주제에 대해
그림을 그리거나 짧은 영상을 만들어보세요.
그리고 공유하세요.

학교에서 모임을 진행해보세요.

» 문제에 대한 인식 높이기: 시의 힘을 활용하세요

시와 행동주의는 아주 잘 어울리는 한 쌍이에요. 시는 사람의 마음을 움직이고, 슬플 때 위로를 주며, 다른 사람들을 지지할 수도 있거든요. 시는 여러분의 목소리를 내는 멋진 방법이에요.

시인이 되는 방법은 여러 가지가 있어요. 나만을 위한 시를 쓸 수도 있고, 공유할 수도 있지요. 연대나 저항의 시를 써서 그걸 다른 사람에게 보내거나, 낭독하거나, 입말로 공연할 수도 있어요. 랩으로 바꾸거나 노랫말로 쓸 수도 있고요.

완벽한 시라는 건 없으니까, 부끄러워하지 마세요. 여러분에게 정말 중요한 주제에 대해 시를 지어보세요. 직유와 은유, 리듬과 운율을 다양하게 실험해보고 즐기면서, 자신에게 맞는 걸 찾아보세요. 그러다보면 시가 세상을 더 잘 이해하는 데 도움이 된다는 걸 깨닫게 될 거예요. 그리고 적어도 한 사람은 여러분의 시를 사랑할 거예요.

직유는 무언가를 다른 것과 비교하는 거에요. 예를 들면, '그녀는 곰처럼 힘이 세요', '그들은 뱀처럼 교활해', '천둥 같은 음악 소리' 같은 표현이에요.

은유는 직유에서 한발 더 나아가 무언가를 다른 거라고 표현하는 방법이에요. 예를 들면, '자유는 새다', '안전은 포옹이다', '내 마음은 보물창고' 같은 표현이지요.

연대의 시

2019년 영국의 많은 어린이가 핀란드의 트랜스젠더 학생 사크리스 쿠필라에게 연대의 시를 보냈어요. 당시 사크리스는 트랜스젠더의 권리를 요구했다는 이유로 정부로부터 부당한 대우를 받고 있었지요. 그 시들은 사크리스에게 큰 기쁨을 줬어요. 그가 말했어요. "저와 인권을 지지하기 위해 시를 써준 모든 분께 진심으로 감사드립니다. 여러분의 말은 정말 중요

시인은 재채기를 어떻게 할까요?

하이쿠!

합니다. 이야기를 전하고, 공유하고, 목소리를 내는 것이 중요
합니다. 연대를 보여주고 관심을 표현하는 것만이 변화를 만
들 수 있습니다."

크리스 화이트헤드

영국 소년 크리스 화이트헤드
는 열두 살 때 치마를 입고 학교
에 가서 화제를 모았어요. 날씨
가 아무리 더워도 남학생들의
반바지 착용을 금지하는 교칙에
반대해 크리스가 생각해낸 (평
화!) 시위였어요. 그는 교칙에서
허점을 발견했어요. 여학생들만
치마를 입을 수 있다는 교칙은 없었거든요. 그래서 어떻게 됐
을까요? 크리스의 승리였어요! 긴 협상 끝에 학교 이사회는
교복 정책을 변경해 남학생들이 반바지 입는 걸 허용했어요.
또 학생들이 원하면 평범한 검은색 청바지를 입어도 된다고
허용했는데, 이 또한 환영할 만한 변화였지요. 모두의 얼굴이

웃음꽃으로 환해진 건 말할 것도 없고요. 크리스는 참신한 방법으로 의견을 표현한 공로를 인정받아 인권상 후보로 지명되기도 했답니다.

» **어른들에게 가르쳐주세요**

어른들이 아이들보다 더 똑똑하다고 생각하는 사람들이 있지만, 사실은 그렇지 않아요. 어른들은 인생 경험이 많고 그래서 더 현명할 수는 있지만, 사실 아이들도 어른들만큼 똑똑해요.

이제 여러분은 아동 권리에 대해 배웠으니 어른들에게도 가르쳐주세요. 어른들도 아동 권리를 알 권리가 있는데, 아마 모르고 있을 가능성이 크니까요. 대부분의 정부가 사람들에게 아동 권리에 대해 알리는 일을 잘하지 못한다고 했던 이야기, 기억하지요? 그러니까 그건 어른들 잘못이 아니에요.

또 여러 가지 아동 권리를 균형 있게 조화시키는 일이 쉽지 않다는 걸 잊지 마세요. 예를 들어, 여러분의 부모님이 가장 신경 쓰는 문제는 여러분의 교육받을 권리나 안전한 환경에서 지낼 권리일 거예요. 하지만 여러분은 표현할 권리나 놀 권리를 제일 누리고 싶을 수 있어요. 이런 건 함께 해결해야 할 문제예요. 몇 가지 조언을 소개할게요.

하고 싶은 이야기를 명확하게 정하세요

- 아동 권리에 관해 말하고 싶은가요?
- 여러분에게 특히 중요한 권리가 있나요?
- 그것 때문에 불안한가요?
- 어른들이 다른 방식으로 행동해주기를 바라나요?
- 그들이 도와주길 바라나요?

대화 중에

- 권리를 존중하세요. 주의 깊게 듣고 어른들이 여러분에 게 해주기를 바라는 방식으로 어른들을 대하세요.
- 그들이 잘 듣도록 도와주세요. 사람은 전부 다르지만, 소리를 지르는 것은 여러분만큼이나 어른들도 좋아하

지 않을 거예요. "중요한 말이 있으니까 잘 들어주셨으면 좋겠어요" 같은 표현을 사용해보세요.

- 차분한 태도를 잃지 마세요.
- 왜 중요한지 설명하세요. 여러분의 입장을 설명하고 예를 들어주세요.
- 자신을 믿으세요.

효과가 없으면 어떻게 할까요?

- 그들이 동의하지 않는 이유를 생각해보세요. 어쩌면 돈 걱정 때문에 여러분을 지지하고 싶어도 그러지 못할 수 있어요. 그들의 관점을 이해하려고 노력해보세요. 그들이 여러분을 이해해주길 바라는 것처럼요.

- 서로 동의할 수 있는 지점이 있는지 찾아보고 거기서부터 시작해보세요.
- 자신에 대한 믿음을 잃지 마세요.

효과가 있다면?

- 축하해요! 둘도 없는 동지가 생겼어요!

» **시위는 평화롭게**

때로는 여러분이 목소리를 내고 시위를 하는 게 긍정적인 변화를 이끌어내는 가장 좋은 방법일 때가 있어요. 시위는 평화

로워야 해요. 그래야 여러분과 다른 모두의 안전을 지킬 수 있으니까요. 시위에는 다양한 종류가 있어요. 대규모 시위, 소규모 시위, 재미있는 시위, 슬픔 또는 분노에 찬 시위 등등이 있지요. 행진처럼 많은 사람이 모일 거라고 예상되는 행사에 참여할 때는 항상 미리 계획을 세워야 해요.

- 어떤 일이 일어날지, 무엇을 예상해야 하는지, 특히 어떤 위험 요소가 있는지 어른들에게 물어보세요.
- 가능하다면 부모님이나 보호자처럼 여러분이 알고 신뢰하는 어른이나 단체와 함께 가세요. 또 누가 참여할지 생각해보세요. 다른 아이들도 있을까요?

- 하루 중에 어느 시간대가 좋을까요? 장소는요?
- 무엇을 가져갈지 정하세요. 예를 들어볼게요. 물, 간식, 마스크, 손 소독제, 자외선차단제, 따뜻한 옷 또는 우비, 약간의 현금, 그리고 만약 있다면, 충전이 완료된 휴대 전화를 담을 작은 가방이나 배낭 등이 있어요.
- 창의력을 발휘해 플래카드를 만들어보세요!
- 같이 가는 어른들이나 친구들과 헤어지는 경우를 대비해 만날 장소를 미리 정해두세요. **이건 정말 중요해요!**
- 휴대전화 배터리가 방전될 경우에 대비해 손이나 종이에 비상 연락처를 적어두세요. **이것도 정말 중요해요!**
- 경찰은 여러분을 보호해야 하지만, 항상 그렇게 하는 건 아니에요. 경찰이 여러분을 막는 경우 혹은 여러분이 그들의 도움을 필요로 할 경우에는 아무리 힘들어도 항상 예의 바르게 행동하고 존중하는 태도를 유지하세요. 그렇게 하는 게 여러분의 안전을 지키는 데 도움이 돼요. 경찰이 여러분 같은 사람들을 괴롭히거나 해를 입힌 적이 있는 지역에 산다면 특히 주의하고, 반드시 여러분이 잘 알고 신뢰하는 어른과 함께 참석하세요.

권리에 대한 일반적인 오해에 대처하는 법

오해: 인권이나 아동 권리에 대해서는 안 배우는 게 좋아. 그건 무서운 거고, 너랑은 상관없어. 그리고 넌 그런 걸 알기에는 너무 어려.

대답: 인권과 아동 권리는 긍정적인 거예요. 무서워할 만한 일은 그 권리들이 제대로 작동하지 않을 때만 일어나고요. 그건 여러분과 상관없는 일이 아니에요. 전 세계 196개 나라가 아동 권리에 서명했어요. 인권과 아동 권리는 모든 아동이 태어나는 순간부터 그들에게 귀속되고, 유엔아동권리협약에 따르면 우리 모두가 그 권리에 대해 배워야 해요.

오해: 너는 책임 있는 결정을 내릴 만큼 현명하지 않아.

대답: 현명함은 나이가 아니라 얼마나 잘 이해하고 있느냐로 헤아리는 거예요.

오해: 아동 권리는 어른들의 권리를 빼앗아가.

대답: 그건 오해예요. 아동 권리는 인권의 일부예요. 모두에게 더 나은 세상을 만들어줘요.

4부:

안전

"얼굴을 햇빛 쪽으로 돌리면
그림자는 뒤로 떨어진다."

– 마오리족 속담

자신을 위한 것이든 다른 사람을 위한 것이든, 아동 권리를 위해 목소리를 낼 때는 무엇보다 안전이 최우선이에요. 아무리 강조해도 지나치지 않아요.

» 신체적 안전을 지켜요

아동 권리를 위해 어떤 행동을 하기 전에 다음 질문들을 곰곰이 따져보세요.

- 그 행동 때문에 여러분이나 다른 누군가가 다칠 위험이 있나요?
- 그 행동으로 인해 가족 중 누군가를 화나게 하거나 속상하게 할 수 있나요?
- 그 행동 때문에 여러분이 학교 또는 지역사회에서 어려움에 부닥칠 수 있나요?

이중에 어느 하나라도 대답이 '그렇다'이면 행동하기 전에 신중하게 생각하세요. 더 안전한 다른 방법은 없는지 찾아보세요. 가능하다면 믿을 수 있는 어른과 이야기하세요.

» 정신 건강을 돌보세요

스트레스나 우울감은 누구에게나 찾아올 수 있어요. 특히 불확실한 상황에서는 더욱 그렇지요. 이건 자연스러운 현상이고, 여러분이 약하다는 의미가 아니라 여러분 자신을 돌봐야 한다는 신호예요. 사실 정신 건강은 항상 잘 관리해야 해요. 언제나 예방이 치료보다 나으니까요! 몇 가지 팁을 알려줄게요.

- 신뢰할 수 있는 사람에게 여러분의 감정을 이야기하세요.
- 몸이 보내는 신호에 귀를 기울이고, 충분한 운동과 수면을 취하세요. 가능하다면 영양가 있는 음식을 드세요. 호기심을 가지고 배워요. 재밌게 놀고 즐기세요.
- 온라인에서 너무 많은 시간을 보내지 마세요. 특히 밤에는요. 다른 즐길 거리를 찾아보세요.
- 여러분 자신을 긍정적으로 느끼게 해주는 사람들과 시간을 보내세요.

기억하세요. 도움을 구하는 건 용기 있는 행동이에요.

- 자부심을 느끼세요.
- 자신을 믿으세요.

» 상처를 입었다면 도움을 요청하세요

아일랜드의 콤 오골먼은 어렸을 때 성직자에게 성적 학대를 당했어요. 아무한테도 말할 수 없다고 느꼈고, 자신을 탓하는 것 외에는 할 수 있는 게 없었어요. 그는 성인이 되고 나서야 경찰에 신고하기로 마음먹었죠. 그 목사가 많은 아이를 학대했고, 교회도 그 사실을 알고 있었다는 게 나중에 밝혀졌어요. 콤은 정의를 위해 싸웠어요. 결국 그가 승리했고, 가톨릭교회의 공식적인 사과를 받았어요. 이후 콤은 아일랜드 앰네스티의 국장이 됐어요. 행복한 가정도 꾸렸고요. 그는 여러분에게 이 말을 꼭 전하고 싶어 해요. "이런 상처를 입었다면, 마치 세상에 혼자인 것처럼 느껴질 거예요. 하지만 그렇지 않아요. 도움을 청하세요. 믿을 수 있는 어른이나 학대 피해 청소년을 지원하는 단체를 찾으세요. 제가 약속할게요. 상처는 극복할 수 있어요. 과거의 여러분을 되찾을 수 있어요. 그 일이 일어나기 전 여러분 모습으로, 여러분이 되어야 할 진정한 모습으로 돌아갈 수 있어요."

안전을 지키는 문제에 관한 다른 중요한 조언은 108쪽 '내 몸의 주인은 바로 나'와 115쪽 '사생활 보호(프라이버시)'를 참고하세요.

5부:

유용한
정보

"사람은 다른 사람들을 통해

비로소 사람이 된다."

– 줄루족 속담

유용한 단어들

가짜 뉴스—진실인 것처럼 가장한 거짓 정보

강제 결혼—소녀가 보통 강요에 의해 자기보다 훨씬 나이 많은 남성과 하는 결혼

검열—말, 그림, 아이디어, 표현의 자유가 책임 있는 사람들에 의해 차단되는 것

고문—더 큰 힘을 가진 사람이 약한 사람에게 일부러 심각한 상처를 입히는 것

교차성—다양한 집단의 삶의 경험들이 겹치고 연결되는 방식

그루밍—자기를 위해 나쁜 일을 하라고 다른 사람에게 영향을 미치는 것

다양성—우리 각자가 독특하고 다른 방식(66~67쪽 참고)

동지—친구들과 협력자들

문화—전통, 신념, 음식, 언어, 음악, 생활 방식을 포함해 다양한 집단 사람들이 각기 살아가는 방식

민족성—여러분 가족의 역사와 전통, 문화

보호소—난민을 위한 안전한 장소

사이버 괴롭힘—메시지, 소셜미디어, 그리고 종종 사진을 이용해 온라인에서 이루어지는 괴롭힘

생물 다양성—지구에 사는 생물의 풍부한 다양성

선전—말이나 그림, 교묘한 디자인을 사용해 여러분 생각을 왜곡하려는 것

선주민—여러분의 조상이 특정 지역에 원래 살던 주민이라는 것을 가리키는 단어

성기 절단—'할례' 부분 참고

소년병—무장 세력 혹은 단체에 소속되어 싸워야 하는 어린이들

소수집단—피부색, 인종, 종교, 또는 언어가 그 국가의 지배적인 집단과 다른 집단

신경다양성—여러분의 뇌가 다른 방식으로 작동하는 것

신경전형성—여러분의 뇌가 사회의 대부분이 기대하는 방식으로 학습하고 정보를 처리하는 것

아동 권리—모든 아동이 가장 좋은 어린 시절을 보낼 수 있도록 돕는 좋은 법

아동 학대—대개 어른들이 아동에게 가하는 신체적, 정신적, 정서적 또는 성적 폭력

양도할 수 없는 권리—여러분으로부터 빼앗거나 '따로 떼어낼' 수 없는 권리

연대—서로 함께하고 서로를 위해 나서는 것

유린—정부가 인권법을 위반한 경우

유엔—세계 각국 정부의 협력과 인권 보호를 장려하는 대규모 국제기구

의회─일부 국가에서 정부가 적절하게 운영되고 있는지 확인하는, 선출직 공무원들로 구성된 집단으로 일부 국회의원들은 정부에도 참여함

인권─모두를 위해 더 공정하고, 더 안전하며, 더 평등한 세상을 만들기 위한 법

인종─피부색 같은 신체적 특징을 공유하는 사람들의 집단을 설명하는 데 사용되는 용어로, 과학적 근거 없이 분열을 조장하는 개념

잘못된 정보─사실을 잘못 알고 확인하지 않은 틀린 정보('허위 정보' 항목 참고)

정부─국가와 그 국가의 법률과 규칙을 돌보는 책임을 맡은 사람들의 집단

종교 박해─종교적 불관용이 다른 종교를 믿는 사람들에 대한 아주 잔인한 대우로 바뀌는 경우

종교적 불관용─다른 종교를 믿는다는 이유로 그 사람을 더 나쁘게 생각하는 일종의 편견

집단 학살─사람들이 다른 집단 사람들을 극도로 증오해서 그 집단의 존재 자체를 없애려는 목적으로 이루어지는 대량 살상 행위

차별─누군가를 그 사람이 그 사람이라는 이유만으로 괴롭히거나 부당하게 대하는 행동(70쪽의 '차별' 유형 참조)

책임 전가─책임을 져야 할 사람에게서 무고한 피해자에게로 책임을 교묘하게 돌리는 것

총기 폭력─정부가 충분히 신경 쓰지 않아서 사람들이 무기를 너무 쉽게 손에 넣을 수 있을 때 발생하는 폭력

편견─다르다는 이유로 다른 사람들을 멸시하거나 두려워하는 것

학대/침해─신체적 혹은 언어적 상처 주기. 또한 누군가가 인권법을 위반할 때 공식적으로 사용하는 용어('유린' 부분 참고)

할례─의도적으로 소녀의 성기에 상처를 내거나 일부를 절단해 그 부위에서 쾌락을 느끼지 못하게 하는 것으로, 성기 절단이라고도 함

행동주의─여러분에게 중요한 문제에 대해 행동을 취하고 긍정적인 변화를 끌어내는 것

행복─여러분의 권리가 제대로 작동할 때 느끼는 기분!

허위 정보─의도적으로 속이려고 하는 가짜 정보('잘못된 정보' 부분 참고)

혐오 발언─다른 사람들이 특정 집단 사람들에 대해 상처를 주도록 부추기려고 하는 말

활동가─행동주의를 실천하는 사람

전 세계에서 활동 중인 유용한 단체들

✳﹡
﹡

아동 권리를 위해 활동하는 단체가 많아요. 어떤 단체에 연락할지 알려면 먼저 여러분에게 필요한 게 무엇인지 생각해봐야 해요. 정보를 찾고 있나요? 전문가의 조언이 필요한가요? 아니면 같은 문제에 관심이 있는 다른 아이들과 안전하게 연락할 방법이 필요한가요?

다음의 여러 단체 외에 훨씬 많은 단체가 활동하고 있어요. 연락처 정보는 바뀔 수 있지만, 쉽게 찾을 수 있을 거예요.

글로벌 단체들

이런 단체들은 여러분이 사는 나라에도 지부를 두고 있을 수 있으니 확인해보세요.

- 차일드 라이츠 커넥트(Child Rights Connect)는 아동 권리를 지원하기 위해 활동하는 100개가 넘는 조직으로 이루어진 단체예요. 이 단체에는 아동 자문팀이 있어요(148쪽을 참고하세요). www.

childrightsconnect.org

- 디펜스 포 칠드런 인터내셔널(Defence for Children International)은 아동 사법을 전문으로 다루는 단체예요. www.defenceforchildren.org

- 엔드 바이올런스 어게인스트 칠드런(End Violence Against Children)은 아동이 안전하게 성장할 수 있도록 지원하는 단체들의 네트워크예요. www.end-violence.org

- 프라이데이즈 포 퓨처(Fridays for Future)는 청소년들이 주도하는 기후 위기 반대 운동 단체예요. www.fridaysforfuture.org

- 키즈라이츠(KidsRights) 재단은 전 세계 아동 권리를 위한 운동에서 아동을 변화의 주역으로 참여시키는 단체예요. 해마다 국제아동평화상을 수여하는데, 이 책에 나오는 프란시아 시몬, 그레타 툰베리, 케즈 발데스, 말랄라 유세프자이도 이 상을 받았어요. www.kidsrights.org

- 말랄라 재단(Malala Fund)은 모든 소녀의 표현할 권리와 교육받을 권리를 위해 일하는 단체예요. www.malala.org

- 라이트 투 플레이(Right to Play)는 여러분의 놀 권리를 위해 활동해요. www.righttoplay.com

- 세이브더칠드런(Save the Children International)은 아동의 권리와 이익을 위해 활동하는 세계 최대 규모의 단체예요. www.savethechildren.net

- 테르 데 옴므(Terre des Hommes)는 위기 상황에서 도움이 필요한 아이들을 지원해요. www.tdh.org
- 유엔아동기금(United Nations Children's Fund, UNICEF)은 전 세계를 무대로 아동 권리를 보호하고 도움이 가장 필요한 어린이들을 지원하는 단체예요. www.unicef.org

나라별 단체들

44쪽에서 아동 권리 전문 위원과 옴부즈맨에 관해 읽은 내용 기억하나요? 그들은 전문가들이고 많은 나라에 있으니, 여러분이 사는 나라에도 있는지 확인해보세요.

영국과 아일랜드

- 아동 위원회(Children's Commissioner)

  잉글랜드 www.childrenscommissioner.gov.uk

  스코틀랜드 www.cypcs.org.uk

  웨일스 www.childcomwales.org.uk

  북아일랜드 www.niccy.org

  아일랜드 www.oco.ie

- 아동학대방지 및 온라인보호센터(Child Exploitation and Online Protection)는 온라인에서 아동이 성적 학대와 그루밍으로부터 안전하게 보호받을 수 있도록 돕는 활동을 하고 있어요. www.ceop.police.uk/safety-centre/

- 차일드라인(Childline)은 모든 고민에 대해 이야기할 수 있는 24시간 무료 상담 서비스예요. 비밀을 보장해줘요. www.childline.org.uk

- 칠드런즈 소사이어티(The Children's Society)는 학대와 착취, 방임에 놓인 어린이와 청소년들을 위해 활동하는 단체예요. www.childrenssociety.org.uk

- 전국아동학대방지협회(National Society for the Prevention of Cruelty to Children, NSPCC)는 아동과 가족들을 지원해요. www.nspcc.org.uk
- 전국청소년지원서비스(National Youth Advocacy Service, NYAS)는 보호시설에서 생활한 경험이 있는 어린이와 청소년을 지원해요. www.nyas.net
- 난민위원회(Refugee Council)는 안전을 위해 영국에 온, 보호자 없는 난민 아동을 지원해요. www.refugeecouncil.org.uk

아오테아로아/뉴질랜드

- 아동권리연맹(Children's Rights Alliance)은 아동 권리를 실현하기 위해 노력합니다. www.childrensrightsalliance.org.nz
- 마나 모코푸나(Mana Mokopuna) 아동 및 청소년 위원회. www.manamokopuna.org.nz
- 유스로 아오테아로아(YouthLaw Aotearoa)는 25세 미만 청년들에게 무료 법률 지원을 해요. www.youthlaw.co.nz/

오스트레일리아

국가, 주, 준주에 아동 위원회가 있어요.

- 호주 아동 권리 태스크포스(Australian Child Rights Taskforce)에서는 도움받을 수 있는 곳을 안내해줘요. www.childrightstaskforce.org.au/child-rights/can-get-help

• SNAICC, 선주민 및 토레스해협 제도 주민 어린이를 위한 전국의 목소리. www.snaicc.org.au

감사의 말

＊
＊＊

책을 만드는 과정에는 처음부터 끝까지 많은 사람이 참여하는데, 보통은 어른들로만 이루어집니다. 이 책은 특별해요. 어린이들의 도움이 없었다면 이 세상에 나오지 못했을 테니까요. 누가 어떻게 참여했는지 말해볼게요.

우선, 아동 권리에 관한 이 책에 영감을 주고, 앰네스티의 첫 번째 책 《너의 권리를 주장해》에 도움을 준 안젤리나 졸리에게 진심으로 감사드립니다. 그리고 아동권리협약의 원안을 작성한 분 중 한 분이자 전문 지식을 아낌없이 공유해준 제럴딘 반 뷰런 교수님께도 깊은 감사의 말씀 드립니다. 헤아릴 수 없을 정도로 명확한 사고와 도움을 준 클로이 돌턴과 아민카 헬릭에게도 고마움을 전합니다.

전 세계 앰네스티 활동에 참여한 친구들, 특히 너새니얼 베이버스톡, 도라 카스틸로, 비나 파텔, 어거스타 퀴니, 와에드 아바스, 콘스탄타 보트나르, 헤일 초크-데이비스, 봉가이

치콴다, 어네스트 커버슨, 되돈느 다그베토, 레베카 제프리스, 콤 오골먼, 세실리아 올루와피사요 아란시올라, 키아라 퍼시 피시, 멜로디 로스, 로 시브룩, 알론소 세라델, 유안 스티븐스, 그리고 티파니 수니가에게 깊은 존경과 연대, 감사의 마음을 전합니다.

차일드 라이츠 커넥트의 일라리아 파올라지, 키즈라이츠 재단의 루도비카 델 베치오, 소니아 아프잘, 베스 조이스, 그리고 비어트리스 스미스가 보여준 도움과 연대에 고마움을 전합니다. 평등과 다양성, 포용에 대해 훌륭한 조언을 해준 멜 라르센에게 감사드립니다. 어린 시절 홀로코스트에서 살 아남아 우리에게 친절과 지혜, 그리고 영감을 준 말라 트리비 치에게 고마움을 전합니다.

이 책에서 맞닥뜨린 도전 과제들을 쉽게 다룰 수 있도록 시간과 노력을 아끼지 않은 세계적인 심리학자 안줄라 마이 아 싱 바이스에게 진심으로 감사드립니다.

멋진 그림으로 이 책에 활기를 불어넣어준 삽화가 수 청에 게 고마움을 전합니다.

또 세심한 주의와 관심으로 이 책을 완성해준 앤더슨프레 스 출판사의 훌륭한 직원들 잭 노엘, 케이트 그로브, 엘렌 존 스, 클로이 사커, 찰리 셰퍼드, 폴 블랙, 롭 페리몬드, 메리 베리, 리즈 화이트, 그리고 엘레나 바티스타에게 감사드립니다. 앤더슨프레스의 창립자이자 어린 시절 난민이었지만 살아남은 클라우스 플루게에게 깊은 사랑을 전합니다.

초기 연구에 많은 도움을 준 오픈 유니버시티 아동 연구 센터의 리즈 체임벌린 교수와 트레버 콜린스 박사에게 감사드립니다. 두 분은 수많은 아동의 의견을 모아 '아동 권리의 표현'이라는 제목의 보고서를 썼습니다. 정말 훌륭한 이 보고서를 우리 아동 권리 책 두 권에 모두 활용했습니다! 이 연구에 큰 도움을 준 다음의 분들에게 감사 인사를 전합니다. 브리지스 보육원의 로즈 로이드와 어린이들, 치킨셰드 극장의 루이즈 페리와 어린이들, 게인포드 초등학교의 질 매클라클런과 어린이들, 뉴랜즈 초등학교의 비키 존스와 어린이들, 노팅엄 플레이하우스의 마야 베넨슨과 어린이들, 전국청소년지원서비스(NYAS)와 브라이트 스팍스 그룹을 통해 참여한 보호시설 경험이 있는 어린이와 청소년들, 아동을 위한 인권관측소의 헬렌 데일, 레시샤이 바흐-리틀 보이시스와 블레나본 헤리티지 VC 초등학교 어린이들, 제시카 퍼모어와 실 초등학교 어린이들, 트레블링 어헤드 프로젝트와 렉섬 여행자 교육 서비스의 파트너십을 통해 참여한 성 요셉 가톨릭 및 성공회 고등학교와 이스골 리와번 종합학교의 마틴 갤러거, 리안

페리, 샬롯, 그랜트, 믹, 미요미, 패리스, 톰, 그리고 영국 유니세프의 권리존중학교 프로그램의 책임을 맡고 있는 프랜시스 베슬리에게 감사드립니다.

어린이들이 알아야 할 것들에 대해 통찰력 있는 조언을 아끼지 않은 어린이·청소년 활동가 비누키 바크미데니야, 키아라 구야나노, 풀비오 펠리니, 마르타 타르퀴니에게 큰 감사의 말을 전합니다. 또 초안을 읽고 잘된 점(과 잘못된 점)을 지적해준 이탈리아 마텔리카의 마리오 로디 초등학교 어린이들, 몰도바 키시나우의 '바실 바실라케' 이론학교 2학년 어린이들, 그리고 세르주 플라마딜라 교장 선생님에게 감사드립니다.

이 책에 자신의 이야기를 담을 수 있도록 너그럽게 허락해준 모든 어린이, 청소년, 어른에게 진심으로 감사드립니다. 여러분은 정말 멋진 분들이에요! 그리고 이 작업을 지지해준 부모님과 보호자 여러분에게도 진심으로 감사드립니다.

마지막으로 언급하지만 제일 중요한 분들, 이 책을 읽고, 생각하고, 이야기하며 이 세상을 더 나은 곳으로 만들기 위해 노력을 아끼지 않는 독자 여러분에게 진심으로 감사드립니다.

기억하세요.

이 모든 권리가 바로 여러분의 권리예요.

"어둠을 탓하기보다는 한 자루의 촛불을 켜는 것이 낫다."

– 중국 속담이자 국제앰네스티 모토

국제앰네스티

͙

국제앰네스티는 1,000만 명이 넘는 사람들이 인류와 인권을 위해 목소리를 내는 글로벌 운동 단체예요. 우리의 목표는 정의, 공정, 자유, 진실이 무시되는 곳에서 사람들을 보호하는 거랍니다. 우리는 어떠한 정부나 정치적 이데올로기, 경제적 이익, 종교와도 무관하고 독립적이며, 회원들의 회비와 일반인들의 기부금으로 운영되고 있어요. 우리는 어린이와 청소년 여러분의 삶에 가장 중요한 문제들을 해결하기 위해 여러분과 함께 일하고 지원합니다. 여러분은 다음과 같은 활동을 할 수 있어요.

- 앰네스티 유스 그룹에 가입해 활동을 시작해보세요.
- 선생님들이 온라인에서 무료로 제공되는 앰네스티 인권 교육 자료를 활용하도록 권장해주세요.
- 이 시리즈의 첫 번째 책 《너의 권리를 주장해》를 읽어보세

요. 특히 청소년 여러분에게 유용할 거예요.

- 영국에 거주한다면 앰네스티 아동 인권 네트워크(www.amnesty.org.uk/childrensnetwork)에 가입해주세요.

www.amnesty.org.uk

www.amnesty.org.au

www.amnesty.ie

www.amnesty.org.nz

여러분이 만들어가는 이야기

이 모든 권리가
바로 여러분의 권리예요
어린이·청소년을 위한 권리 안내서

2025년 11월 13일 초판 1쇄 발행

지은이 니키 파커(국제앰네스티)
그린이 수 청
옮긴이 김정희

펴낸이 이제용
펴낸곳 갈마바람 | 등록 2015년 9월 10일 제2019-000004호
주소 (06775) 서울시 서초구 논현로 83, A동 1304호(양재동, 삼호물산빌딩)
전화 (02) 517-0812 | 팩스 (02) 578-0921
전자우편 galmabaram@naver.com
블로그 blog.naver.com/galmabaram
페이스북 www.facebook.com/galmabaram

편집 오영나 | 디자인 박소희
인쇄·제본 (주)아트인

ISBN 979-11-91128-08-6 43300